Gernot Brückner

GESPRÄCHE MIT DEM UNBEKANNTEN

3. Band
Neue Gesetze

itv

ITV-VERLAG GMBH · ASCHAU

ISBN 3-88518-020-0

Printed in Germany
Lektorat: Woltmann-Zeitler
Satz: typografica-GmbH, Rosenheim
Druck: Alpina-Druck, Prien

Inhalt

II. TEIL

Dem Menschen gewidmet,
der unsere Welt
»von der anderen Seite aus« sieht.

Einführung

Der befreite Mensch

Unser großes Problem ist die Vorstellung, der »äußere Mensch« sei der ganze Mensch.

Zwar führte ihn sein Intellekt, dieser Teil des »äußeren Menschen«, bislang zu beachtlichen Erfolgen, weshalb er der Versuchung erlag, an die Machbarkeit all dessen zu glauben, was er zu vollbringen beabsichtigte, an die Allmacht der Vernunft, seines eigenen Willens, seines eigenen Könnens – an seine Selbstherrlichkeit.

Da der Intellekt aber abhängig ist von der Funktion des Gehirns, waren die Ergebnisse seines Denkens, seine Denkmodelle, sein Weltbild zwangsläufig entsprechend: mechanisch – und damit beschränkt. Die mentalen Denkmodelle legten sich wie Schichten um den »inneren Menschen« und behinderten dessen Mitwirken; und jede neue »Erkenntnis«, jedes neue Verstandes-Wissen fügte eine weitere Schicht hinzu und konstruierte, gemeinsam mit den übrigen Eigenheiten des »äußeren Menschen«, mit seinem Stolz, seinen Gefühlen, seinen Wünschen also, an einer »Schale des Egos«.

Dabei stellt doch der »innere Mensch« den eigentlichen Menschen, den weitaus größeren, wenn auch den unter der

Wasseroberfläche versteckten Teil des Eisberges dar. Dieser wahre Mensch in der »Welt dahinter« weiß, er besitzt direktes Wissen, er steht in Verbindung mit seinem Ursprung.

Und das Ziel der Evolution ist es, diesem »inneren Menschen« die Freiheit zurückzugeben, ihm zu erlauben, nicht nur in der »Welt dahinter«, sondern auch in unserer Welt der Materie direkt tätig zu werden, mit Unterstützung des Mentals als Werkzeug – nicht jedoch als Führer.

Zuerst allerdings muß die in Jahrtausenden mit »äußerer«, mentaler Energie und durch mühsames Erarbeiten von Wissen und Vorstellungen, von Verhaltenskodexen und Konzepten aufgebaute »Schale des Egos« wieder abgebaut werden. Und darum geht es heute.

Laut »Claude«, unserem Gesprächspartner, liegen die großen Linien der Menschheitsentwicklung fest, befinden wir uns entsprechend diesen Linien heute in der entscheidenden Übergangsphase und am Anfang eines »Neuen Großen Menschheitszyklus«. Die Zukunft wird, nach grundlegenden Umwandlungen globalen Ausmaßes, ganz anders aussehen, als wir sie uns vorstellen können.

Eine »Neue Energie« arbeitet daran, aus dem Inneren der Menschen heraus die »Schale des Egos« aufzubrechen. Dabei sind die »Neuen Gesetze«, nach denen sie arbeitet, nicht eigentlich neu. Sie bestehen seit eh und je, wenn es auch erst in unserer Zeit für uns wichtig ist und zunehmend wichtiger wird, sie zu kennen und zu beachten. Die »Gesetze« können uns heute bereits helfen, die kritische Übergangsphase, in der wir uns befinden, bewußter zu erleben und zu bewältigen – was bedeutet, daß wir weniger unter ihr leiden müssen.

Die »Neuen Gesetze« sind nicht im Sinne von Vorschriften, also von weiteren Beschränkungen zu verstehen, sondern im Sinne von Gesetzmäßigkeiten oder Darstellungen von Zusammenhängen. Insbesondere der französische Originaltext (siehe Teil III), der einer besseren Allgemeinverständlichkeit wegen sehr frei übersetzt wurde, erlaubt oft mehrere Auslegungen. Manches wird offen gelassen, damit jeder *seine* Antwort findet. Schließlich handelt es sich nicht um »äußere« Regeln, sondern um »innere« Gesetze, die individuell und damit relativ empfunden werden müssen.

Nach »Claude« kommt es hier nicht auf das mentale, »äußere« Verstehen an, sondern »auf die Vibrationen des Textinhaltes, die tiefer und am Intellekt vorbeigehen« und die etwas in uns ansprechen, was diese Gesetzmäßigkeiten längst kennt und nur darauf wartet, herausgelöst zu werden …

Ist erst einmal die Destruktion, das heißt das Durchbrechen und Sich-Trennen von Denkmodellen und Handlungsmechanismen, individuell vor sich gegangen, kann das weder von seinem Ego noch von der Gesellschaft beeinflußte Individuum wieder »frei atmen«. Ohne seine alte, harte, mentale Schale kann es dann einfach, intuitiv, von seinem »inneren Wissen« und seinem »inneren Wollen« geleitet, von innen nach außen handeln, um so schöpferischer Teil einer »Neuen Gesellschaft« zu werden.

»Bei diesen neuen Kräften handelt es sich nicht um etwas, was irgendwann in der Zukunft passieren wird, es geht vielmehr um Phänomene, die bereits heute wirksam sind – und zwar schon deutlich spürbar.

Das Beste also, was wir tun können, ist aufnahmebereit zu sein, damit diese Kräfte in uns wirken können. Zudem sollten wir die Gesetze kennen, nach denen die neuen Energien arbeiten, damit wir uns anpassen, damit wir unsere innere Haltung so einrichten, unser Leben so führen können, daß wir uns in Harmonie befinden mit dem Wollen und dem Wirken dieser Kräfte ...«

I. Teil

Neue Gesetze?

»Durch alle Geheimnisse und Komplikationen hindurch wird sich der Einsame, auf der Suche nach innen, nachdem er den Urwald seines Körpers gerodet, wiederfinden Seite an Seite mit einem Unbekannten.

Und staunend wird er bemerken,
daß einsam, wie oft er sich glaubte,
und auch in tiefster Verzweiflung,
er doch einen Freund immer hatte …

Dann kann beginnen das Abenteuer von Dir in Mir, von Mir in Dir, kann beginnen die Große Zusammenarbeit zwischen dem kleinen Menschen – und dem Großen Meister des Universums.«

1

Der Weg in die Dualität

Die zwei Wirklichkeiten

Wir Menschen existieren, vereinfacht gesehen, in zwei Wirklichkeiten:

Einmal in der unseres Tagesbewußtseins. Unter dem verstehen wir die Wirklichkeit, die mit unserer physischen Existenz zusammenhängt. Es ist hier die Daseinsebene unseres Körpers und unseres Intellektes gemeint, die wir die »reale« Welt oder »unsere« Wirklichkeit nennen.

Gleichzeitig leben wir noch auf anderen Ebenen, in Welten, die unseren normalen, physischen Sinnen entzogen sind. Gemeint sind die Wirklichkeiten des Unter-, Un- oder Über-Bewußtseins.

Beide Wirklichkeiten wirken aufeinander ein und beeinflussen sich gegenseitig.

Nun hat die Menschheit, so »Claude«, ihren Ursprung nicht in dieser, in »unserer« Wirklichkeit, sie stammt vielmehr »aus anderen Dimensionen, aus anderen Wirklichkeiten mit anderen Zeit- und Raumbegriffen. Im Laufe ihrer Vergangenheit entfernte sie sich von ihrem ›Ursprung‹ – aus welchen Gründen auch immer – und drang, Ebene für Ebene, weiter ›hinab‹ bis auf die Ebene der Materie, der Welt der Dualität.«

Der Mensch lernte, sich in dieser »Wirklichkeit« zu bewegen; und je weiter er sich von seinem Ursprung entfernte, um so ausschließlicher war er sich nur dieser äußeren Welt bewußt, verdrängte er das Wissen um seine gleichzeitige Existenz in anderen Ebenen, um so mehr nahm er *seine* Wirklichkeit für die *ganze* Wirklichkeit. So spielt er sein Theater, arbeitet er, leidet er und ist er – manchmal – glücklich; und er denkt, daß das alles sei.

Er hat vergessen, wer er ist. Dennoch, tief in seinem Inneren bewahrt er die Erinnerung …

Die Welt der Dualität

Unser materieller Körper gehört dieser Welt an. Er benötigt bestimmte chemische Stoffe, vitale Energien und sonstige Voraussetzungen, um leben zu können. Und sein ganzes Funktionieren ist darauf gerichtet, diese Voraussetzungen zu schaffen und zu sichern. Dabei hilft ihm etwas, was wir mit »Ego« bezeichnen. Es ist dies eine integrierende Kraft, die seinen physischen Körper und die mit diesem zusammenhängenden Funktionen »zusammenhält«. Man kann auch sagen, das »Ego« sei eine Schale, die dem Menschen dazu dient, seine materielle Existenz zu wahren.

Ein Teil dieser »Schale« sind das menschliche Gehirn sowie dessen Funktionen, also das Denken, der Verstand, der Intellekt, das heißt also »das Mental«.

Unsere physische Wirklichkeit ist für uns eine Welt der Dualität. Wir empfinden warm – kalt, hell – dunkel, gut – nicht gut, aber auch Leben – Tod. Sie ist eine Welt der Relativität. Unsere Wirklichkeit ist eine Funktion des Mentals.

Und das ist unser Problem: Das Mental steht den Dingen nicht neutral gegenüber, sondern es entscheidet »richtig – nicht richtig, gut – nicht gut«, und zwar aufgrund von Wertmaßstäben, die nicht absolut, sondern relativ sind, also abhängig von der individuellen und kollektiven Geschichte (nicht nur dieses Lebens), von der Bildung des Menschen, seinem sozialen Umfeld und so weiter.

Die Wende

Unser Mental hat sich entwickelt, verbessert, geschärft. Und laut »Claude« hat es innerhalb der heutigen Industriegesellschaft seine optimale Entwicklungsstufe erreicht: »Wir leben heutzutage in der Welt des Mentals. Der Intellekt, der Verstand, das ›vernünftige‹ Denken bestimmen unser Tun und Lassen.

Doch mehr und mehr macht sich auch Zweifel an der Allmacht dieser Mittel bemerkbar. Die heutige Menschheit erkennt zunehmend, *daß eine Grenze unserer Entwicklung erreicht worden ist, die mit dem Mental nicht überschritten werden kann,* daß es vielmehr ›irgendwie anders‹ weitergehen, daß noch etwas hinzukommen muß.

Parallel mit der Entwicklung des Intellekts ist die Menschheit zudem ›tief in die Materie eingedrungen‹. Sie hat gelernt, die Materie zu analysieren, sie in ihre Bestandteile zu zerlegen, sie umzuformen, die physische Materie zu zerstören – und damit die physischen Existenzmöglichkeiten des Menschen. Der Mensch hat zwar gelernt, die Materie zu zerstören, doch noch nicht, sie neu zu schaffen. Er hat noch nicht gelernt, wirklich schöpferisch zu sein. Er hat erst den einen Teil gelernt.

Die Menschheit ist auf dem Wege ihrer Entwicklung auf eine Mauer gestoßen. Der Weg geht heute in anderer Richtung weiter ...«

Aber in welcher Richtung? Wo müssen wir den Schlüssel zur Lösung unserer Probleme suchen?

»Der Zyklus des Mentals geht zu Ende, und ein neuer Zyklus, der des ›Übermentals‹ oder des Höheren oder Göttlichen Bewußtseins nimmt seinen Anfang ...«

2

Das Neue Bewußtsein

»Eine Lösung ist nicht vom Mental zu erwarten. Es ist das Problem nicht, das Mental noch weiter zu schulen, noch mehr zu lernen, noch weiter zu forschen ...

Denn das Mental kann bestenfalls sich selbst begreifen. Es ist nicht in der Lage zu verstehen, was außerhalb seiner Funktion begründet ist.

Die Lösung kommt nicht aus den Mitteln unserer Dimension, die durch Zeit und Raum begrenzt ist.«

»Gibt es andere Wege? Eine unbestimmte Sehnsucht treibt den Menschen seit eh und je, die Verbindung zu seinem Ursprung wiederherzustellen. Er sucht auf dem Weg des Sichversenkens, des Gebetes, der Meditation ..., er sucht äußerlich und sucht innerlich. Er glaubt an etwas.

Oft ist sein Ziel nicht klar. Er kann sich keine rechte Vorstellung machen von dem, was er sucht.

Was geht denn vor sich, wenn er meditiert?

Er erhöht die Vibrationen seiner ›Seele‹, berührt ›höhere‹ Daseinsebenen. Danach ›kommt er wieder zurück‹ in das tägliche Leben seines Körpers. Er meditiert wieder, er steigt – wenn er kann –, reinigt seine Seele – und er kommt wieder ›herunter‹.

Und langsam, über viele irdische Leben hinweg, ändert sich so die Charakteristik seiner Seelenschwingung ...

Der Körper dagegen bleibt, wo er ist: in der Materie. Er bleibt dort mit seinen Problemen, seinem Ego – auch seinem Mental.

Denn der Mensch heute, der einerseits die höchsten Möglichkeiten seiner mentalen Entwicklung erreicht hat, ist eben auch am tiefsten in die Materie verstrickt, am weitesten entfernt von dem, was sein Glaube ihn erahnen läßt ...

An diesem Punkt kann er sich nicht mehr allein befreien.

Die Fesseln der dunklen Ebene, die Beschränkungen seines groben Daseins halten ihn davon ab, aus eigener Kraft, blind wie er ist, den Weg zu finden.

Und hier nun, an diesem Punkt, erreicht ihn die Hilfe aus Ebenen von jenseits des Mentals, aus anderen Daseinsebenen – und gleichzeitig aus seinem Inneren. Die Hilfe, die Antwort auf seine Suche kommt aus Dimensionen, die jenseits seines Tages-Bewußtseins liegen, sie kommt aus Dimensionen eines Neuen Bewußtseins, aus Dimensionen des Höheren oder Göttlichen Bewußtseins.

Dieses Göttliche Bewußtsein ist eine Kraft, ist ein bewußtes Energie-Potential, ein Wesen, ein ›Geistwesen‹. Es ist eine Energie, die von außerhalb kommt – und gleichzeitig aus dem Inneren des Menschen!«

Der Dialog mit dem »Dahinter«

Der irdische Mensch, in seinem Ego gefangen, ist blind, er weiß nicht. Doch ihm bleibt der Glaube. Denn Glauben auf der physischen Daseinsebene ist Wissen auf anderen Ebenen. Sein Inneres Ich, auf subtileren Daseinsebenen zu Hause, weiß.

Was dem Menschen fehlt, ist die Wiederherstellung des direkten bewußten Kontaktes zu seinem spirituellen »Körper«, oder besser, zu seinen spirituellen »Körpern«. Dem Menschen fehlt der Kontakt zu seinem »Inneren Ich«, zu seinem eigentlichen Inneren Wesen, um das »verlorene Wissen« wiederzufinden – um sie beginnen zu lassen, die Kommunikation zwischen beiden Wirklichkeiten, den Dialog zwischen unserer Welt und dem uns noch Verborgenen – das Gespräch mit dem Unbekannten.

Die Zusammenarbeit

»Die Neue Energie ist bereit, dem Menschen zu helfen, ihm den Weg zu zeigen zu seinem Ursprung. Aber der Mensch braucht deswegen nicht ›in die andere Welt zu gehen‹, zu suchen und zu meditieren – heute nicht mehr! Es geht heute nicht mehr darum, daß die Seele den Körper verläßt, um ›zu entfliehen‹ und sich eine Zeitlang ›zu Besuch‹ in anderen Dimensionen aufzuhalten.

Die Neue Energie kommt zu ihm, kommt in die Materie, dort hin, wo sich das Leben in der Materie abspielt. Die Energie der anderen Dimension durchdringt unsere Dimension, sie verändert den Menschen in der Materie, transformiert die Materie, schafft die ›Neue Erde‹, ...

... um sie ähnlicher zu machen ›jener Materie der anderen

Dimension von dahinter‹, damit unsere Wirklichkeit zu der anderen Wirklichkeit wird, damit beide Welten schließlich zu einer werden …«

»Die alte Energie des Mentals, die die bisherige, die jetzt auslaufende Epoche der Menschheitsentwicklung trug, ist im Begriff, sich aus dieser Daseinsebene zurückzuziehen.

Sie überläßt ihren Platz einer neuen Energie, einer Energie, die im Neuen Zeitalter Leben und Sein auf diesem Planeten mit Kraft versorgen und dem Menschen neue Möglichkeiten seiner Entwicklung geben wird.«

3

Das Neue Zeitalter

»Sie sprechen von einer *neuen* Energie. Gab es diese Energie nicht auch schon früher?«

»Die menschliche Entwicklung findet in Zyklen statt, in großen und in diesen überlagernden kleineren. Solche Zyklen sind Bestandteile großer Göttlicher, dem menschlichen Verstand nicht zugänglicher Pläne; und in bestimmten Abständen kosmischer Zeitdauer werden Impulse gegeben.«

Der Göttliche Plan

»Man kann sich nun vorstellen, daß zum Beispiel vor ungefähr zweitausend Jahren, innerhalb eines noch größeren Zyklusses, ein solcher Impuls gegeben wurde. Damit fing ein Zyklus an. Dieser Zyklus ist gestiegen, gestiegen und hat schließlich ein Maximum erreicht; er hat bestimmte Möglichkeiten eingeschlossen. Dann ging er wieder nach unten. Es war ein großer Menschheitszyklus mit einem Anfang und mit einem Ende. Dieser Zyklus läuft jetzt aus.

Und derzeit findet ›dahinter‹ die Vorbereitung statt für einen neuen Impuls, damit ein neuer Zyklus, eine neue ›Atmung‹ beginnen kann.

Der Zyklus des Mentals geht zu Ende, ein neuer Zyklus, der des ›Übermentals‹ oder des Höheren oder Göttlichen Bewußtseins nimmt seinen Anfang … (siehe Abbildung 1).

Die alte Energie des Mentals, die die bisherige, die jetzt auslaufende Epoche der Menschheitsentwicklung trug, ist im Begriff, sich aus dieser Daseins-Dimension zurückzuziehen.

Sie überläßt ihren Platz einer neuen Energie, einer Energie, die im Neuen Zeitalter Leben und Sein auf diesem Planeten mit Kraft versorgen und dem Menschen neue Möglichkeiten seiner Entwicklung geben wird.

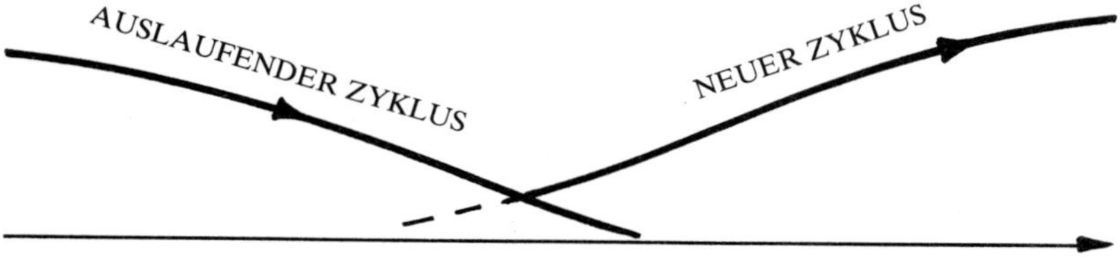

ABBILDUNG 1: *… Der Zyklus des Mentals geht zu Ende, ein neuer Zyklus … nimmt seinen Anfang …*

Deswegen habe ich gesagt: ›Wir haben derzeit zwei Welten, die sich durchdringen, die alte, die in den alten Gewohnheiten festgefahren ist, und die junge Welt ... noch halb erstickt durch die Mechanik des Mentals ... Sie hat hinter sich alle Kraft des Universums ..., und sie hat ihre Wurzeln bereits in einer neuen Welt‹.

Und wir sollten uns vor Augen halten: Diese Neue Welt wird überhaupt keine Ähnlichkeit mit all dem haben, was bisher war! ...«

Der neue Körper

»Unsere Welt der Materie ist eine ›mechanische‹, eine begrenzte Welt, eine tote Welt – wenn wir sie vergleichen mit der ›Welt von dahinter‹, die eine lebendige Welt ist, jeden Moment neu, kreativ, endlos.

Beide Welten sind gegenwärtig im Begriff, sich zu durchdringen und dem Menschen die Möglichkeit zu weiterer Entwicklung zu geben.

Die Entwicklung findet aber *nicht* dadurch statt, daß sich der Mensch zurückzieht aus der Materie, daß er – in der Meditation zum Beispiel – mit seiner Seele ›davongeht‹ und den Körper läßt, wo er ist.

Es geht heute – und das ist neu! – darum, daß der Mensch die Materie ›mitnimmt‹ bei seiner Weiterentwicklung, daß sein Körper umgewandelt wird, daß er eine Mutation, eine Transformation durchmacht, damit auch der Körper ›lebendig‹ wird.

Es geht um die Transformation, und zwar um die Transformation des Körpers, der Materie. Und Materie ist Stoff, ist Chemie. Das heißt, mit zunehmender Transformation der Materie wird sich auch die Chemie der Stoffe ändern.

Das ist sehr konkret zu verstehen: Die chemische Zusammensetzung des physischen Körpers wird sich verändern. Und mit dieser Veränderung wird sich die Materie verändern. Eine Neue Erde ist im Entstehen! Und die entsprechende Veränderung hat bereits begonnen.

Mit der chemischen Veränderung des Körpers ändert sich auch die Atmung – und umgekehrt, denn die Atmung beeinflußt wiederum, über die Zusammensetzung des Blutes, die Chemie des Körpers. Unsere Atmung wird größer und weiter, und wir schließen uns anderen, größeren ›Atmungen‹ an.

Mit der Atmung hängt aber auch die Angst zusammen und zwar über das vierte Chakra, welches man auch Atemzentrum nennt. Je größer die Atmung wird, um so mehr verlieren wir Ängste. Das ist einerseits gut so, kann aber auch gefährlich werden. Denn Angst vermittelt Schutz. Und mit weniger Angst sind wir nicht mehr so vorsichtig.«

»Wir befinden uns auf dem Wege heraus aus der Dualität. Danach gibt es nur noch eines. Es gibt dann nicht mehr unseren Willen und den Willen der Neuen Energie.

›ES‹ arbeitet dann durch uns, wir mit ihm. Auf diese Weise formen wir mit an der Gestaltung der ›Neuen Erde‹ ..., indem wir nicht nach unserem Muster funktionieren, sondern nach dem der Neuen Energie.«

Das andere Wollen

»In diesem Maße, wie sich die Chemie des Körpers ändert, ändert sich auch das Wollen des Menschen! Denn der physische Körper, seine Chemie, seine ›Atmung‹, sein Ego – sein Wollen, das alles hängt zusammen.

In dem Maße, wie sich die chemische Zusammensetzung und sein Atem ändern, ändert sich auch das, was der Mensch, das heißt sein Ego will, was sein Mental denkt. Sein Ego ändert sich – und damit das, was wir unter dem ›Menschen dieser Welt‹ verstehen.

Alles ist ja eine Frage von Energie, ein Zusammenspiel von Energien verschiedener Frequenzen. Anders ausgedrückt: die sehr feinen Frequenzen dieser Neuen Energie bewirken über die Energiezentren, die Chakras, eine Veränderung der

Physiologie unseres Körpers. Der Körper ist dadurch nicht mehr in der Lage, bestimmte chemische Verbindungen zu halten. Dafür lagert er andere an.

Die physiologische Veränderung des Körpers äußert sich unter anderem in einer höheren Sensibilität, das heißt in einer besseren Empfangsbereitschaft für feiner schwingende, hochfrequentere Impulse. Wir können feinere Impulse spüren.«

»Es ist schon eine wichtige Grundeinstellung, wenn ich etwas anerkenne, was sich ›außerhalb‹ von ›mir‹ befindet, etwas was mir überlegen ist und mir helfen möchte. Ich bin dann bereit, auch zu akzeptieren, daß nicht ich alles kann und alles bin. Ich bin dann demütig, vertrauensvoll und bereit, hinzuhorchen, zu lauschen auf dieses ›andere‹.«

Die Bereitschaft

»Es fehlen heute Bezugspunkte, die wissen, solche, die sagen können, um was es geht. Dabei geht es nicht so sehr um mentales Wissen als um eine innere Bereitschaft, ein inneres ›Ja‹-Sagen, um ein inneres ›Offensein‹.

Doch es geht auch um ein Wachsein. Denn jeder kann heute sehen, daß etwas passiert. Immer mehr Menschen fragen sich, was das alles heute zu bedeuten hat. Die Geschäfte laufen nicht mehr wie früher; was früher noch Geltung hatte, verliert seinen Wert; alles spielt verrückt ... im Privatleben, in der Politik, in der Wirtschaft.«

»Das ist aber nichts Neues, das gab es früher auch schon.«

»Ja, aber alles ging langsamer. Früher fragte man sich so alle zehn Jahre, heute aber täglich, stündlich. Und warum? Weil wir uns in einer schnelleren Entwicklung befinden, weil eine neue Energie da ist. Und mehr und mehr Menschen haben eine gewisse Entwicklung hinter sich, sind genügend losgelöst von der unmittelbaren und starken Beeinflussung ihres Körpers, ihres Egos, um in direkte Verbindung mit dieser Energie, mit der Macht des Höheren Bewußtseins zu kommen – ob sie wollen oder nicht.

Diese Menschen fragen sich, wie es weitergehen soll. Ihr Handeln ist ja nicht mehr so stark motiviert von ihrem Ego, wie dies früher der Fall war. Sie fragen sich heute öfters und immer eindringlicher: ›Wozu das alles?‹ Sie wissen nicht, was passiert.

Ihr äußeres Leben scheint leer geworden zu sein und hauptsächlich von der Gewohnheit weitergetragen. Sie fragen sich:

›Was ist passiert? Die äußere Welt, die vorher so voller Reize war, ist jetzt so farblos und fad geworden‹.

Denn dieser Prozeß findet statt, ob wir verstehen oder nicht. Einziger Unterschied ist, daß der eine mehr fühlt als der andere, daß der eine ahnt, was abläuft; und der andere nicht, daß der eine eher bereit ist, ›sich mitnehmen zu lassen‹, und der andere diesem Prozeß mehr Widerstand entgegensetzt.

Wir bauen große Widerstände auf, weil wir nicht wissen, um was es geht. Deswegen wäre es besser, die Gesetze dieser neuen Entwicklung zu kennen. Wir sollten wissen, warum sie stattfindet, und wir sollten wissen, wie diese neuen Energien arbeiten; damit wir uns anpassen können, damit wir unser Leben entsprechend einrichten und unsere innere Haltung so ausrichten können, daß sie sich in Harmonie befindet mit dem Wirken dieser Macht. Dann sind wir auch wieder in Harmonie mit uns selbst und unserer eigenen Entwicklung.«

»Und was kann man selbst dazu tun?«

»Wir allein können aus eigener Kraft nicht viel tun. Denn alle Vorstellungen, die wir hätten, wären ja notgedrungen wieder mental. Alle Vorstellungen, alle Systeme, alle Meditationstechniken und so weiter hätten deshalb nur einen sehr beschränkten Wert und brächten uns nur ein kurzes Stück weiter.

Und darum ist es interessant zu wissen, daß da, wo wir selbst nichts tun können, eine andere Kraft am Werke ist, um uns zu helfen.

Das einzige also, was wir tun können, ist bereit zu sein für diese Kraft, *die aus unserem Inneren kommt,* aus dem Inneren eines jeden von uns. Die einzige sinnvolle Haltung ist also die der Empfangsbereitschaft, der Offenheit, dieser Macht die Möglichkeit zu geben, in uns zu arbeiten.

Sie braucht dazu nicht unseren Intellekt oder unser Mental. Sie braucht weder unsere Wünsche noch unsere Liebe. Und sie braucht auch nicht unsere Gefühle. Das einzige, was sie braucht, ist Bereitschaft, uns helfen zu lassen und in Harmonie mit dieser Macht mitzugehen.«

»Es geht nur um das Selbst-Erlebte und Selbst-Erfühlte. Es geht um den Körper, der Erfahrungen gemacht haben muß, um sich dann ›auflösen‹ zu lassen. Es geht um ›den Apparat, der von Gott demontiert‹ wird.

Denn der Göttliche Geist kann den Menschen erst dann wieder zu seinem Bilde ›zurückgestalten‹, wenn dieser Mensch vorher in allen seinen Funktionen ›auseinandergenommen‹ wurde. Das gilt für alle Existenzebenen – vor allem für die physiologische –, bis zu denen hinunter dieser Prozeß stattfinden muß.«

Leiden?

»Wenn nun ein Mensch nicht dazu bereit ist?«

»Zuerst müssen wir uns nochmals vor Augen halten, daß es sich hierbei nicht um einen mentalen Vorgang, sondern um eine innere Bereitschaft handelt. Ist ein Mensch nicht bereit, mitzugehen, sich anzupassen, dann befindet er sich nicht in Harmonie mit der heutigen Entwicklung. Mit diesen Energien nicht in Harmonie zu schwingen, löst sodann ein Schließen der Energiezentren aus, wie wir wissen. Und dies wiederum hat verschiedene Folgen: Fehlverhalten jedweder Art, falsche Handlungen, Aktionen im falschen Moment … und schließlich Krankheiten und so weiter …«

»Also Leid?«

»Nicht in Harmonie sein bedeutet Leiden. Sehen wir die

Realitäten: Die Energie ist da. Wer bereit ist, schließt sich an, wer sich dagegen sträubt, schlimm für ihn!

Die Energie bewirkt Veränderungen – schon jetzt. Und zwar über den Menschen. Der Mensch ist das Bindeglied beider Welten. Und der Mensch spürt, daß derzeit etwas passiert. Es geht alles sehr schnell, weswegen er nicht folgen und nicht verstehen kann; er hat Angst.

Man spricht von Weltuntergang ..., es liegt etwas in der Luft; jeder kann es spüren. Aber vielleicht passiert auch das: Die Materie wird transformiert, verändert, und damit der ›äußere Mensch‹, sein Ego – vor allem sein Mental. Das menschliche Mental funktioniert nicht mehr so wie früher.

Wenn wir das Ganze von einem anderen, fast möchte ich sagen, physikalischen Standpunkt aus betrachten, sieht es folgendermaßen aus:

Unser Körper, unser Ego, und damit unser Mental, werden von bestimmten geistigen Energien versorgt und so auch die Systeme und Strukturen, die vom menschlichen Mental geschaffen wurden.

Wenn nun die Energieart wechselt, fließt die alte Energie schwächer und schwächer, und der Körper, sein Ego mit dem Mental – und das ist das Hauptproblem! – bekommt weniger Kraft.

Und damit bekommt auch all das weniger Kraft, was vom menschlichen Ego gebaut wurde und was mit seinem Ego funktioniert: die gesellschaftlichen und sozialen Strukturen, wirtschaftliche Systeme und so weiter.

Weicht die ›alte‹ Energie zurück, dann entzieht sie diesen ›alten‹ Systemen die Existenzbasis, es wird Probleme geben, und die alten Systeme können nicht mehr funktionieren ...

Doch im gleichen Maße, wie sich die alte Energie zurückzieht, nimmt die Neue Energie zu. Es kann jetzt nur noch Bestand haben, was mit dieser Neuen Energie geschaffen wurde. Und das ist die Energie des Neuen Zeitalters, des Göttlichen Bewußtseins.«

»Das heißt also, das Mental ändern und damit diese Strukturen?«

»Die alte Energie ist die Energie des Mentals, die des Tagesbewußtseins, die des Wollens unseres Egos. Die Neue Energie ist die des Höheren oder Göttlichen Bewußtseins. Diese Neue Energie benötigt das Mental nicht mehr – *jedenfalls nicht mehr als allein steuerndes Instrument.* Aber das Mental will seine Macht behalten, es gibt nicht so schnell auf. Dabei ist das Mental ein mechanisches, ein schon totes Instrument, dabei gehört es einer vergangenen Welt an ...

Das Mental also verändern? Warum es nicht beiseite legen und direkt arbeiten, sich nicht mehr auf das Mental verlassen, denn das Mental täuscht uns mehr und mehr. Und es wird immer mehr Verwirrung stiften, denn es gehört einer vergangenen Welt an.

Das Höhere Bewußtsein, diese reine, diese nicht-mentale Macht von ›oben‹ ist bereit, nach ›unten‹ zu kommen, sich zu inkarnieren. Andererseits, täuschen wir uns nicht: Es wird zu Anfang noch mehr Wirren und Auseinandersetzungen geben, denn diese Kraft kommt von ganz ›oben‹.

Dort ›oben‹ aber gibt es keine Systeme, keine Religionen, keine Sekten ... dort ist alles eins. Deshalb sind all diese Systeme nicht in Harmonie mit dieser Kraft; und wenn diese Kraft da ist, wird es keine Sekten mehr geben, keine Religionen, keine irgendwie gearteten Systeme ...

All dies wird in sich zusammenfallen, und das kann nicht anders sein! Ich wiederhole: Je weiter diese Energie einströmt, um so mehr wird es zuerst einmal Erschütterungen geben, werden die bisherigen Konstruktionen und Organisationen durcheinandergebracht und auseinanderfallen ...

Auch jeder einzelne wird durcheinandergeschleudert und irritiert. Einmal dorthin, einmal hierher. Es gibt nichts Festes mehr. Etwas Neues, Klares, noch nicht Dagewesenes dringt statt dessen ein und läßt keinen Platz mehr für die alten Ordnungen ..., das bewirkt dann das große Durcheinander!

Aber genau so klar ist, daß sich eines Tages, wenn sich diese Macht genügend auf der Erde gefestigt hat, wenn sie nach außen gedrungen ist, auf dem physischen Plan manifestiert und in diesem aufgegangen, daß sich dann – glücklicherweise – alles wieder beruhigen wird.«

»Also doch zuerst leiden?! Was kann jeder tun, um nicht in diesen Strudel gerissen zu werden?«

»Es gibt keinen Grund zu leiden! Leid ist Disharmonie. Und warum zu diesen neuen Kräften in Disharmonie stehen? Mitgehen, in Harmonie sein mit der Neuen Welt und sich nicht an eine Welt hängen, die inzwischen überholt ist und jederzeit zu Ende gehen kann! Das Leid kommt nur daher, daß wir Widerstand leisten.

Die Probleme kommen doch daher, daß man nicht loslassen kann von dem Weltbild, an das man sich gewöhnt hat, das aber einer vergangenen Welt angehört. Ablassen von den Scheinwahrheiten! Entspannen, aufmerksam beobachten und auf alles – auf alles! – vorbereitet sein! Was soll dann noch passieren?«

»Das Höhere Bewußtsein kann nur handeln, wenn wir in Übereinstimmung mit seinen Gesetzen leben.«

4

Die Neue Erde

»Wir haben es mit dem Phänomen einer anderen Dimension und einer anderen Zeit zu tun. Wir leben heute in einer in der menschlichen Geschichte einzigartigen Epoche, in einer Zeit, in der das Geistige in die menschliche Welt eindringen möchte. Geistige Kräfte kommen ›herunter‹, um alles hier umzuformen.

Und dann werden wir sehen, was die Menschheit tun wird, ob sie richtig reagiert ... Wir befinden uns in der für die Menschheit entscheidenden Phase ...«

»Also ein spirituelles Leben leben?«

»Was heißt spirituelles Leben? Interessant ist doch zu wissen, daß wir uns innerhalb eines Prozesses befinden, der keinerlei Referenzen in der Vergangenheit hat und den wir deswegen auch nirgends wiederfinden.

Dabei handelt es sich eigentlich um einen spirituellen Mechanismus, der so einfach ist. Man braucht nicht täglich zu meditieren, zur gleichen Zeit, am gleichen Platz und so weiter, und sich irgendwo einzuschließen ...

Im Gegenteil, wir werden aufgefordert zu leben. Und wir werden aufgefordert zu handeln. Und wir sollen dort bleiben, wo wir sind!

Und gleichzeitig sollen wir wachsam sein und auf diese innere Kraft achten. Denn sie ist da, vierundzwanzig Stunden täglich! *Es ist etwas da, ein Wesen, das sich inkarnieren möchte; nicht in einem einzelnen Menschen, in Millionen von Menschen! Das ist es, was so schwierig zu verstehen ist.*

Wir denken immer wieder, wir seien allein und getrennt. Aber wir sind nicht getrennt! Es gibt ein Wesen, einen Menschen, der alle anderen Menschen beinhaltet und der sich jetzt verkörpern möchte ...

Und es gibt Menschen, die darauf vorbereitet sind ...«

»Wir müssen in zwei Welten gleichzeitig leben. Es gibt keine andere Möglichkeit. Wir müssen auch die Gesetze dieser Welt leben – noch –, aber mit der anderen Sicht, mit einer höheren Sensibilität. Und gleichzeitig müssen wir versuchen, die Gesetze der neuen Welt zu praktizieren.«

Die »Gesetze« der Neuen Energie

»Wie kann man sich darauf vorbereiten?«

»Der Mensch ist blind und braucht Bezugspunkte und Hinweise. Wir dürfen nicht vergessen, daß der Mensch zur Zeit nur ein halber Mensch ist. Er birgt so viele Fähigkeiten und Möglichkeiten in sich, die ihm aber, aus verschiedenen Gründen, verschlossen sind – noch. Um sie zu erwecken, müssen sie mit Leben erfüllt, müssen sie wieder mit der Kosmischen Energie verbunden werden.

Ansich weiß dies der Mensch. Darum sucht er nach Wegen, die ihm die Möglichkeit geben, sich wieder mit seinen inneren Zentren zu verbinden, um wieder Bezugspunkte zu haben, um die andere Welt ›dahinter‹ wieder wahrnehmen zu können.«

»Doch solche Wege und Bezugspunkte sind bekannt, ... zum Beispiel schon seit zweitausend Jahren ...«

»Nicht unbedingt. Zu früheren Zeiten kamen immer wieder ... Personen, ... Wesen ..., die befreit waren ... Sie hingen nicht an der Materie, sie waren von der Materie befreit. Sie kamen und haben gelehrt und haben Bezugspunkte gegeben.

Aber die Menschen mit ihrem Mental, mit ihren Vorstellungen – sie gründeten Religionen, haben Systeme daraus gemacht. Diese Systeme hatten ihre guten Seiten, sie wiesen den Menschen eine bestimmte Richtung.

Die große Masse der Menschheit aber hat heute einen Grad der Entwicklung erreicht, der diese damals gegebenen Bilder und die daraus abgeleiteten Vorstellungen und Begriffe hinter sich läßt. Die Lehren entsprachen früher dem jeweiligen Entwicklungsstand und wurden zwecks Erreichung einer nächsten Stufe gegeben – zum Beispiel, um das Ego auf ein bestimmtes Niveau zu reduzieren.

Inzwischen hat aber die Menschheit im Durchschnitt dieses Niveau erreicht. Und das bedeutet, daß die damals gegebenen Begriffe und Regeln für viele Menschen heute nicht mehr ausreichen.

Sie sind deswegen nicht falsch. Sie sind kosmische Gesetze, die absolut und richtig sind. Aber sie helfen dem Individuum *heute* nicht mehr, sich weiter zu entwickeln. Und das bedeutet auch, daß die Menschheit, an diesem Punkt angekommen, es dem Höheren Bewußtsein heute erlaubt, an die Tür zu klopfen...«

»Sie sagten einmal, daß die Menschheit sich spirituell zurückentwickelt hat. Und doch sprechen Sie von Weiterentwicklung?«

»Es geht nicht um Weiter- oder Zurückentwicklung. Und was ist letztendlich spirituell? Die Menschheit ist tiefer in die Materie eingedrungen, und gerade deshalb gibt es jetzt diesen Druck von innen!

Oder anders ausgedrückt: Die Gesetze von früher waren die gleichen Gesetze wie die ›Neuen‹ – am Absoluten gemessen. Aber der Mensch von vor zum Beispiel zweitausend Jahren war nicht der gleiche Mensch wie heute.

Die Gesetze, die ihm damals gegeben wurden, um sich innerhalb des Systems entwickeln zu können, waren noch mentale Gesetze. Und diese Gesetze reichen heute nicht mehr aus, nach jenseits des Mentals zu kommen.

Natürlich können die Religionen auch heute noch nützlich sein ... Aber vergessen wir jetzt alles, was wir gelernt haben; vergessen wir alle Konzepte, entfernen wir alle Systeme ... Denn all dies ist Teil eines Zyklusses, der ausläuft. Und ein neuer Zyklus ist dabei zu beginnen.«

»Und trotzdem: Der Mensch braucht Maßstäbe, Anhaltspunkte, Systeme. – Allerdings andere Systeme, solche, die am Absoluten, am Göttlichen Bewußtsein ausgerichtet sind!

Und was sind Systeme des Göttlichen Bewußtseins? Diese Frage zu beantworten, braucht man keine fünfzig Worte. Es sind dies die gleichen Gesetze wie die vor zweitausend oder zehntausend Jahren. Was sich geändert hat, sind nicht die Gesetze, sondern das Verständnis von ihnen, die Art und Weise, wie sie aufgefaßt werden.

Die Menschheit braucht einen neuen Impuls.

Doch auch das sind Vorstellungen, die nicht ganz zutreffen. Der Verstand sollte eben sehr weich sein, um zu verstehen, sollte anders funktionieren. Man darf sich nicht an Worten festhalten, sondern sollte die Ideen dahinter erfassen …«

»Aber doch Regeln, Gesetze beachten?«

»›… Diese junge Welt hat hinter sich alle Kraft des Universums …‹. Wenn wir deren ›Gesetze‹ kennen, wenn wir mit ihr in Harmonie sind, wenn wir mit ihr wollen, dann können wir alles erreichen.

Denn diese Kraft ist nicht festgelegt, sie ist schöpferisch in jedem Moment. *Diese Kraft will nicht einschränken oder neue mentale Barrieren bilden. Sie bringt Öffnung, Freiheit, Entfaltung ...*

Es geht dabei nicht um ›Du sollst nicht ... du darfst nicht ...-Gesetze‹. Es handelt sich eher um Informationen über die Eigenart und die Wirkungsweise der Neuen Energie. Es geht dabei um sachliche, fast mathematisch-physikalische Regeln – und dennoch wirkt durch sie eine Göttliche Gerechtigkeit. Es sind Antworten auf Fragen... und man kann mit ihnen gehen oder nicht ...«

Die Große Verbindung

»Zum physischen Körper gibt es einen spirituellen Körper. Beide haben ihre Atmung. Der spirituelle Körper hat eine andere als der physische Körper. Wir müssen deswegen die Atmung unseres physischen Körpers vergessen und die andere Atmung, die unseres spirituellen Körpers finden. Wir müssen nach innen sehen, den Faden dahinter ausmachen! Dann finden wir das ›Dahinter‹, das was atmet. Dann wechseln wir die Ebene ...

Dahinter zu sehen, heißt zu ›verinnerlichen‹, heißt empfänglich zu sein für sein Inneres!

Je mehr man sich das ›Dahintersehen‹ zur allgemeinen Haltung macht, um so mehr steht man mit dem Höheren Bewußtsein in ständiger Verbindung.

Eines Tages werden wir dann auch feststellen, daß es nicht zweierlei gibt. Es existiert nicht das spirituelle und das materielle Leben. Das gibt keinen Sinn.

›Soll man spirituell sein?‹ Was soll das heißen? ›Soll man materialistisch sein?‹ Das besagt genausowenig. Das einzige, was gilt, ist: Selbst sein, dort wo man ist; entsprechend den Umständen, die nun einmal da sind!

Wir haben uns heute wissenschaftlich sehr weit entwickelt, und deswegen muß die Koordination zwischen einem spirituellen Potential und einem materiellen Potential stattfinden – um Harmonie herzustellen, damit die Menschen wirklich glücklich werden.

Man kann auch sagen, daß diese Kraft eine integrierende Macht ist. Sie ist beides, materiell und spirituell. Im ›Zyklus unten‹ integriert sie den Menschen in die Materie, und im ›Zyklus oben‹ zieht sie ihn aus der Materie heraus, um ihn mit sich zu nehmen und ihn zu verbinden mit dem ›Dahinter‹. Im folgenden ›Zyklus unten‹ wird der Mensch dann wieder zurückintegriert in das Konkrete, das ganz Konkrete.

Anfangs gibt es zweierlei: uns selbst und etwas anderes. Aber irgendwann gibt es nur noch eins, gibt es die Integration, die Reintegration der zwei Welten in einer. Irgendwann sind eine Kosmische Kraft und das Individuum, der ›Große Mensch‹ und der kleine Mensch ... eins!«

»Es geht also um eine Zusammenarbeit zwischen dem ›irdischen Menschen als Instrument‹ und dem ›Kosmischen Menschen‹.

Als erstes Problem stellt sich der für das menschliche Mental unvorstellbar große Unterschied zwischen dem beschränkten ›kleinen Menschen‹, der den Mächten der Natur ausgeliefert ist, und jener Kosmischen Kraft dar – dann, wenn zwischen beiden ein zusammenhängender Dialog entsteht.

Der ›kleine Mensch‹, der wir sind, und der ›Große Mensch‹, der wir nicht sind, der wir aber oft zu sein glauben, sprechen nicht die gleiche Sprache. Wenn also der ›Große Mensch‹ dem ›kleinen‹ helfen möchte, muß der ›kleine‹ bestimmte Arbeitsweisen und Erklärungen akzeptieren – selbst wenn diese seinen mentalen Vorstellungen, seinen Gewohnheiten, seinem ›gesunden Menschenverstand‹ widersprechen. Denn die Vorstellungen, die Gewohnheiten, der Menschenverstand sind nur egozentrische Funktionen, die es gibt, damit sich der Mensch besser im irdischen Dschungel des sozialen Lebens, der Politik und des Geisteslebens behaupten kann.

Aber wenn der Dialog zustande kommt und immer besser funktioniert, dann wirkt er weiter, um schließlich eine ›Verbindung‹ zwischen den Menschen und ihrem Schöpfer herzustellen.«

Wenn der Dialog zustande kommt und immer besser funktioniert, dann wirkt er weiter, um schließlich eine ›Verbindung‹ zwischen den Menschen und ihrem Schöpfer herzustellen.«

II. Teil

Das Handeln in der Materie

»Diese Neue Energie kommt von innen. Ihr Wirken ist dem der Vital-Energie entgegengesetzt. Deswegen müssen wir uns völlig umstellen. Diese Energie geht von innen nach außen. Sie wirkt aus der Welt ›dahinter‹ und dringt durch unser Inneres in die Außenwelt. Und damit sie kommen kann, müssen wir innerlich offen sein … Und noch etwas ist erforderlich: Diese Energie ist eine ›reine‹ Energie. Damit sie rein in die Welt der Materie, das heißt in unseren Körper eintreten kann, muß auch dieser menschliche Körper rein sein.«

5

Von Innen nach Außen

Die beiden Energiearten

»Der Mensch in seinem physischen Körper stellt eine Ansammlung von Vital-Energie dar. Die Vital-Energie findet er in der Nahrung, in der Luft, das heißt ganz allgemein in der Natur, also in der Außenwelt. Das Leben in dieser Außenwelt war bisher nur mit Hilfe der Vital-Energie möglich. Damit der Mensch sich wohlfühlt, muß dieses Energiepotential immer maximal sein.

Die Vital-Energie hat nun eine ganz bestimmte Eigenart; sie verhält sich wie ein Magnet, sie besitzt Anziehungskraft. Das heißt, sie ist immer bestrebt, sich noch mehr von dieser Energie anzulagern. Diese Energie läßt sich ansammeln, und sie fließt immer dort hin, wo am stärksten gezogen wird!

Und was passiert, wenn zwei Personen zusammen sind? Jeder versucht dann, vom anderen etwas zu bekommen. Was dann kommt, das ist der Kampf ums Dasein, das ist Krieg. Jeder zieht, jeder nimmt, und wer der Stärkste ist, gewinnt.

Wir verstehen jetzt auch, warum Menschen immer zusammen sein wollen. Sie suchen die Gruppe, die Gemeinschaft. Menschen müssen ihre Vital-Energie austauschen, und sie wollen ihr Potential aufladen.

Eine Gruppe stellt ein Potential an Vital-Energie dar. Wenn jemand ›leer‹ ist, also keine Vital-Energie mehr besitzt, kann er sich dort schnell wieder ›aufladen‹, wo viele Menschen zusammen sind.

Und es gibt Menschen, die die Möglichkeit oder die Gabe haben, ihre Vital-Energie ohne Unterlaß zu erneuern und weiterzugeben. Sie stellen damit ein wichtiges Potential an Vital-Energie dar und bilden einen gewissen Anziehungspunkt für die Umwelt. Diese Personen, die Vital-Energie abgeben können an andere, sind oft Menschen, die andere um sich scharen.

Sobald also Menschen zusammen sind, findet ein Austausch an Vital-Energie statt. Diese Vital-Energie ist allerdings keine ›reine‹ Energie. Aufgrund ihrer Eigenart findet der Austausch auch nicht auf der Basis eines ausgeglichenen neutralen Gebens und Nehmens statt; Ziel, also Prinzip dieses Energieaustausches ist es ja zu geben, *um zu bekommen!*

Die Vital-Energie hängt zusammen mit den niedrigen Energiezentren, insbesondere mit den ersten drei beziehungsweise vier dieser Zentren: den Chakras des Sexus, denen der vitalen Bedürfnisse, der Gefühle und mit dem Herzchakra.

Der Energiefluß findet auf diesen Ebenen statt. Wir nennen diese Ebenen die Ebenen der normalen menschlichen Beziehungen, und wir nennen die Beziehungen Freundschaft oder Liebe. Bei der Liebe handelt es sich um die vitale, menschliche Liebe.

Die Beziehungen funktionieren nur so lange, wie diese Energie fließt. Hat man das verstanden, wird man nicht mehr so leichthin sagen: ›Sie sind mein Freund‹; denn wenn der eine leer ist und nichts mehr gibt – wenn der andere nichts mehr nehmen kann, dann ist es im allgemeinen aus mit der Freundschaft. Sieht man sie unter dem Gesichtspunkt des Energieflusses, dann gibt es die normale Freundschaft nicht.

Denn sie spielt sich in der Welt des Vitals ab. Und die Welt der Vital-Energie basiert wiederum auf Wünschen und Bedürfnissen.

Mechanismen, die auf dem Nehmen beruhen, können aber niemals befriedigt werden; Wünsche, die auf einem vitalen Haben-Wollen beruhen, sind nicht zu befriedigen. Sobald wir etwas bekommen haben, wollen wir wieder etwas anderes – unmittelbar danach.

Deswegen können normale menschlichen Beziehungen nie befriedigend sein. Und es ist ganz selbstverständlich, daß Menschen nicht glücklich werden können – da sie doch ihr Glück in solchen Beziehungen suchen.

Wir sehen, daß in der Welt der Vital-Energie alle Energie von außen kommt und daß es das Ziel dieses Energieflusses ist, etwas zu bekommen. Das Grundmotiv bei diesem Spiel des Energieaustausches ist das Haben-Wollen und nicht das Geben-Wollen.

Wenn wir nun von einer anderen Energie sprechen, die interveniert, dann ändert sich das Bild: Die Energie des Höheren Bewußtseins ist nämlich reine Energie und ihr Prinzip ist ein ganz anderes. Diese Art von Energie arbeitet nach gänzlich anderen Gesetzen, und die Funktionen der Menschen ändern sich, sobald diese Neue Energie sie durchdringt.

Was die Energie hier nimmt, gibt sie dort wieder. Was dort wegfließt, wird hier wieder zugefügt. Nichts geht verloren, alles bleibt erhalten.

Und die menschlichen Beziehungen basieren sodann auf dem Gesetz des Höheren Bewußtseins, und sie sind dann Beziehungen einer ›höheren Art‹. Die Gesetze der Vital-Energie verlieren ihre Bedeutung, und die neuen Beziehungen unter den Menschen orientieren sich an einem höheren Bezugspunkt, sie sind ›echter‹ und damit dauerhafter – und dies nicht nur nach Maßstäben der irdischen Zeit, sondern auch nach denen der anderen Zeit, der anderen Welt ... Menschen, die sich auf dieser Basis zusammenfinden, bleiben auch später zusammen ...

Natürlich gibt es normale Liebe und Freundschaft. Aber die spielen sich eben in der Welt der Dualität und der Relativität ab. Deshalb sind diese Beziehungen nur relativ wahr. Man sollte seine Zeit nicht mehr damit verschwenden ...

Wenn diese andere Wirklichkeit in unsere eindringt, wenn wir nicht mehr den Beschränkungen des Ego unterliegen, dann ist es nicht mehr unser Ego, das liebt; dann ist es das Höhere Bewußtsein, das liebt – oder nicht liebt!, das handelt oder nicht handelt, gibt oder nicht gibt! ...

Dann bestimmt nicht mehr das Wollen unseres Egos unser Tun. Dann bestimmt ein anderes Wollen. Dann wählen nicht mehr *wir* unsere Freunde aus, unseren Ehepartner und so weiter. Und das geschieht dann allmählich, ganz von allein.

Vor allem wird erst einmal losgelöst, werden Bindungen abgebaut. Und Bindungen lockern sich ... man ist immer mehr allein. Dann kommen andere Beziehungen, Beziehungen auf anderer Basis: offenere, klarere, neutralere, reinere ... Und man sieht sich gegenseitig weniger oft ...

Aber keine falschen Vorstellungen! Die Energie des Höheren Bewußtseins ist keine Energie der Gefühle, der Liebe, so wie die Menschen sie sich vorstellen. Diese Energie ist klar, nüchtern, gerecht. Ihr Prinzip ist das des ausgeglichenen Gebens und Nehmens oder, anders gesagt, ist *Geben ohne Gedanken an ein Zurückbekommen.*

Die Vital-Energie nehmen wir auf, indem wir essen und atmen, also durch den Austausch mit den Naturkräften. Wir nehmen sie von außen auf. Von diesen Energien können wir ausgeben, soviel wir wollen, wir können sie immer wiederbekommen.

Die Energie des Höheren Bewußtseins dagegen – hier müssen wir vorsichtig sein – erhalten wir nur in den Mengen, die wir erhalten sollen. Hier handelt es sich um eine Energie, die sich nicht akkumulieren läßt, um eine kostbare Energie. Sie darf nicht verschwendet werden.

Und diese Neue Energie kommt von innen. Ihr Wirken ist dem der Vital-Energie entgegengesetzt. Deswegen müssen wir uns völlig umstellen. Diese Energie geht von *innen nach außen* (siehe Abbildung 2). Sie wirkt aus der Welt ›dahinter‹ und dringt durch unser Inneres in die Außenwelt. Und damit sie kommen kann, müssen wir innerlich offen sein …

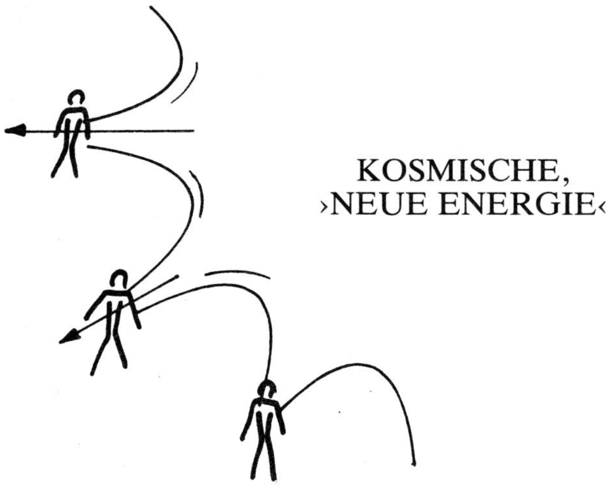

ABBILDUNG 2: *… Auf anderer Ebene sind wir miteinander verbunden … wobei die ›Neue Energie‹ von innen nach außen wirkt. …*

Und noch etwas ist erforderlich: Diese Energie ist eine ›reine‹ Energie. Damit sie rein in die Welt der Materie, das heißt in unseren Körper eintreten kann, muß auch dieser menschliche Körper rein sein. Wir stehen also vor dem Problem, den physischen Körper absolut rein werden zu lassen, ihn in den reinsten Zustand zu bringen.«

»Dieses Göttliche Bewußtsein ist eine Kraft, ist ein bewußtes Energie-Potential, ein Wesen, ein ›Geistwesen‹. Es ist eine Energie, die von außerhalb kommt – und gleichzeitig aus dem Inneren des Menschen!«

Die Ankunft eines anderen Wesens

»Um was handelt es sich bei dieser Neuen Energie? Ich wende die Begriffe ›Energie‹ und ›Bewußtsein‹ an. Dies sind durchaus zutreffende Begriffe, aber sie können fehlgeleitete Gedankensassoziationen hervorrufen. Es geht heute um eine Verbindung des Kosmos mit der Erde, es geht um eine kosmische Energie, die auf die irdische Ebene kommen will.

Und diese Energie ist bewußt und lebendig; täuschen wir uns da nicht. Sie ist ein Geistwesen, sie ist ein Mensch, der Große Mensch! Und dieses Geistwesen will sich inkarnieren.

Aber nicht in *einem* menschlichen Körper. Wir haben es mit einer kollektiven Inkarnierung dieses Wesens in Millionen von Menschen zu tun.

Wie kann man so etwas erklären, wie können wir uns so etwas vorstellen?, fragen wir. Und doch ist dies der Prozeß, der abläuft. Es ist die Ankunft eines kosmischen Wesens auf unserer Erde. Dieser Vorgang übersteigt den Rahmen dessen, was Menschen verstehen können. Es geht hier um die Realisierung einer anderen Daseinsebene auf unserem Planeten, um das Zusammenbringen einer Daseinsebene mit einem anderen Raum- und Zeitbegriff, einer anderen Materie mit unserer Materie. Ist es eine Antimaterie?

Und dieser Prozeß hat bereits begonnen und wird in den nächsten Jahren mehr und mehr an die Oberfläche kommen.

Welche Eigenschaft hat nun diese Energieform oder dieses Wesen? Wir kennen sie schon: *Sie ist vor allem rein und unvorstellbar kraftvoll.*

Doch diese Energie ist gleichzeitig auch weich und anpassungsfähig. Sie geht mit, paßt sich an. Sie schiebt und drückt, aber sie weicht auch aus, gibt nach. Es handelt sich um eine Energie, die nicht konfrontiert, sondern mitgeht und weich umleitet. Sie dirigiert und läßt trotzdem Freiheit, ist kreativ. Sie wirkt individuell, und sie wirkt kollektiv.

Außerdem ist sie einfach. Ihre Kraft liegt in ihrer Einfachheit. Sie macht sich klein, sie ordnet sich unter. Und sie will geben, geben ... Aber sie ist auch Perfektion, Mathematik, Präzision. Sie ist die Liebe und die Unerbittlichkeit. Und sie ist Gerechtigkeit – die absolute, göttliche Gerechtigkeit.

Sie fließt, verglichen mit der vitalen Energie, in umgekehrter Richtung, sie wirkt nicht von außen nach innen. Sie kommt von Innen, aus Vergangenheit und Zukunft, aus dem ›Inneren‹ des Menschen. Sie fließt durch den Menschen von *innen nach außen.*

Es geht dabei um die Realisierung einer anderen Dimension in der unseren. Aber es ist nicht so, daß wir sie ›herunterholen‹, sondern daß wir uns offen machen und uns die andere Dimensionen ›bringen lassen‹. Wir brauchen nur geschehenlassen, bereit sein – und wir haben zusätzliche Kraft ...«

»Sobald man ›in Null‹ kommt, ist man den Energien der Transformation ausgesetzt. Diese Energie arbeitet folgendermaßen:

Zuerst kommen die Kräfte von unten, die der Kundalini. Das sind die Käfte der Destruktion des Egos. Sie reinigen und verkleinern das Ego, was bei ›Zyklus unten‹ geschieht.

Anschließend, nachdem das Ego genügend gereinigt worden ist, kommen neue Kräfte von oben. Es sind dies Kräfte der Konstruktion. Sie füllen den Körper auf, so daß er wieder ausstrahlen kann. Sie bringen den Körper auf ein höheres Potential – mit neuen Wünschen und neuen Vorstellungen. Das geschieht bei ›Zyklus oben‹.«

Die Zerstörung des Panzers des Egos

»Die Neue Energie gibt uns zusätzliche Kraft. Aber fließt sie, bevor das Ego verschwunden ist, dann wird diese neue Energie abgelenkt und wirkt in die falsche Richtung – mit ihrer zusätzlichen Kraft!

Damit sie aus unserem Inneren nach außen gelangen kann – und das *rein*, muß unser Körper rein werden, muß er ›weich‹ werden, muß unser Ego sich auflösen, der Panzer des Egos aufgebrochen werden, hier auf der Erde aufgebrochen werden.

Denn Ego ist Ballast und stört; diese unsere Wünsche, unsere Gefühle, unsere Vorstellungen, unser Intellekt, unsere Vergangenheit, unser Wissen-Wollen, unser Wollen überhaupt, unsere ›Persönlichkeit‹ stehen dem Wirken dieser Kraft hindernd im Wege.

Beobachten wir uns selbst, beobachten wir die Menschen, wie sie eingesperrt vegitieren im Panzer ihres Egos. Dann erkennen wir, wie unser Inneres nicht heraustreten kann; weil wir nicht loslassen wollen von unseren Vorstellungen.

Unser Ego legt sich wie eine Schale um unser Inneres Ich und läßt nichts mehr durch.

Doch wenn der Weg von innen nach außen freigemacht werden soll, muß diese Schale, muß dieser Panzer aufgebrochen werden. Deshalb kommt zuerst die Zerstörung – die Kraft der Kundalini! Und danach dann der Aufbau. Erst kommt die Auflösung unseres Egos, unserer Wünsche, unserer Gefühle, unseres Mentals.

Aber was heißt Auflösung, was heißt Zerstörung? Es geht um Energieentzug. Die ›alte‹ Welt wird mit einer Energie versorgt, die die Energie des Haben-Wollens und des Mentals ist. Zieht sich diese Energie zurück, fällt das Gebäude des Egos in sich zusammen, und alles, was mit dem Ego zusammenhängt, erstirbt.«

»Bedeutet das Tod?«

»Was ist der Tod? Er ist der Übergang von einer Welt in eine andere. Der Tod existiert nicht eigentlich. Es gibt ihn nur in Bezug auf unseren Körper, in Bezug auf die Gefühle, die mentalen Vorstellungen und so weiter …

Es gibt den physischen Tod. Das muß man sehr genau unterscheiden. Diesen physischen Tod gibt es.

Aber der Tod ist anders, als wir ihn verstehen. Eigentlich gibt es sogar mehrere Arten von Tod. Es gibt den Tod auf mehreren Ebenen: den physischen Tod, den mentalen Tod und so weiter. Diesen Tod gibt es.

Aber man sollte eher sagen, es handelt sich bei ihm um eine Umkehrung in der Materie, um eine Transformation in der Materie. Das hängt mit den verschiedenen Polaritäten zusammen.

Es hängt vielleicht auch zusammen mit der Welt, die in die unsrige hier eindringt. Vielleicht ist der Tod die Verbindung zwischen diesen beiden Welten. Aber er geht durch das Innere des Menschen, und das ist sehr schwer zu erklären ...

Man täuscht sich immer wieder, wenn man den Menschen als Körper sieht. Welch ein Irrtum! Der Körper ist nicht der Mensch! Man sollte deshalb diesen Körper nicht so wichtig nehmen!

Das Innere des Menschen ist Energie ..., während der Körper, den wir sehen, nicht eigentlich lebendig ist. Er ist nur eine Funktion des Inneren des Menschen. Und deswegen sollten wir diesen physischen Körper nicht so wichtig nehmen.

Auf alle Fälle ist der Mensch der Schlüsselpunkt, der Ausgangspunkt für die Veränderung der Materie. Der Mensch ist dieser Schlüsselpunkt, nicht irgend etwas anderes. Der Mensch ist der Ausgangspunkt und der Endpunkt dieser Modifikation, der Beherrschung der Materie.

Der physische Tod kommt und entläßt uns ins spirituelle Leben, er ist der Übergang zum spirituellen Leben. Anschließend gibt es wieder ein Leben in der Materie. Und der Kreislauf wiederholt sich immer wieder, wieder und wieder ..., so lange, bis der Körper genügend transformiert ist – besser gesagt, bis er befreit ist und er der Materie entweichen, dem Kreislauf entfliehen kann. Dann haben wir vielleicht die Verbindung zur ›Antimaterie‹.

Allerdings, das Höhere Bewußtsein ist so immer noch nicht zu finden. Es hält die Hände über beide Welten.

Wir müssen uns in diesem Zusammenhang vor Spekulationen und neuen Gedankenkonstruktionen hüten. Das Mental idealisiert. Es stellt sich den Menschen nach dessen Transformation mit außergewöhnlichen Kräften versehen vor und so weiter.

Dabei passiert bei der Transformation folgendes:

Das Individuum wird auf Null gestellt, was bedeutet, daß das Individuum auf den Punkt des Nicht-Seins gebracht wird. Das heißt, daß der einzelne Mensch in den Zustand eines Instrumentes, eines perfekten Werkzeuges versetzt wird.

Man soll also aufpassen auf sein Mental, das idealisiert und das sofort irgend etwas Wunderbares sieht. Aber es sieht nicht richtig. Es geht zuallererst um die Destruktion, und zwar um die des Egos.

Die Transformation ist also zuerst einmal Destruktion des

Egos über die Chakras, über ein Chakra nach dem anderen. Sie beginnt beim Höheren Mental und setzt sich fort über die Chakras des Mentals, des Stolzes, der Liebe – ja der menschlichen Liebe! – der Gefühle, des Besitzenwollens und dem des Sexuallebens. Das ist Transformation. Es geht um die Zerstörung der Persönlichkeit, oder besser, um die Zerstörung dessen, war wir unter Persönlichkeit verstehen.

Und das alles geschieht in Zyklen. Zuerst verliert man Teile des Egos: Vorstellungen, Wünsche, Gefühle ... Dann wird neues Ego aufgebaut, mit neuen Vorstellungen, neuen Wünschen. Danach wird auch dieses Ego wieder aufgelöst. Und so geht es weiter, in immer kürzeren Abständen. Und das Ego, der Panzer des Egos, wird dünner und weicher.

Und wir spüren, wie uns etwas genommen wird, wie etwas verloren geht und dann nicht mehr da ist. Denn unser Mental identifiziert sich mit unserem jetzigen Körper, mit unserer jetzigen ›Persönlichkeit‹. Und wir beobachten, wie das, was bisher unser ›Leben‹ ausmachte, uns selbst immer unwichtiger erscheint. *Diese Neue Energie nimmt uns etwas weg: Das Gefängnis unseres Egos.*

Aber an die Stelle dessen, was uns weggenommen wird, tritt etwas Neues! Unser eigenes Wollen tritt zurück, wird weniger und weniger drängend – und läßt ein neues Wollen an seine Stelle treten.«

Die Änderung der Wertmaßstäbe

»Wir können uns ein Individuum beziehungsweise seine Persönlichkeit als Schallplatte vorstellen. Auf ihrer Oberfläche trägt diese Rillen. Die Rillen entsprechen dem, was dieser Mensch den verschiedenen Dingen an Wert beimißt.

Das, was in die Schallplatte eingeritzt ist, sind mechanische, automatische Modelle und Muster unseres Mentals. Jeder Mensch gibt den Dingen entsprechend seiner eigenen Vergangenheit eine Wertigkeit. Von seinem Elternhaus oder dem Freundeskreis wird ihm im Laufe seines Lebens beigebracht, was für ihn wichtig zu sein hat und was nicht, was er tun soll und was er nicht tun soll. Damit bekommen diese Begriffe für ihn einen Wert mit jeweils positivem oder negativem Vorzeichen.

Für den einen ist die Familie am wichtigsten, für den anderen sein Beruf. Es kann aber auch das Geld sein oder die Politik oder eine soziale Idee, die einen Menschen anzieht. Doch dabei handelt es sich immer um mechanische Funktionen des Mentals. Ich nenne sie mechanisch, weil das Mental immer mit den gleichen Maßstäben, mit den gleichen Werten rechnet und funktioniert.

Und jetzt stellen wir uns vor, es erscheint von oben die Neue Energie (siehe Abbildung 3), die Energie, die einen ge-

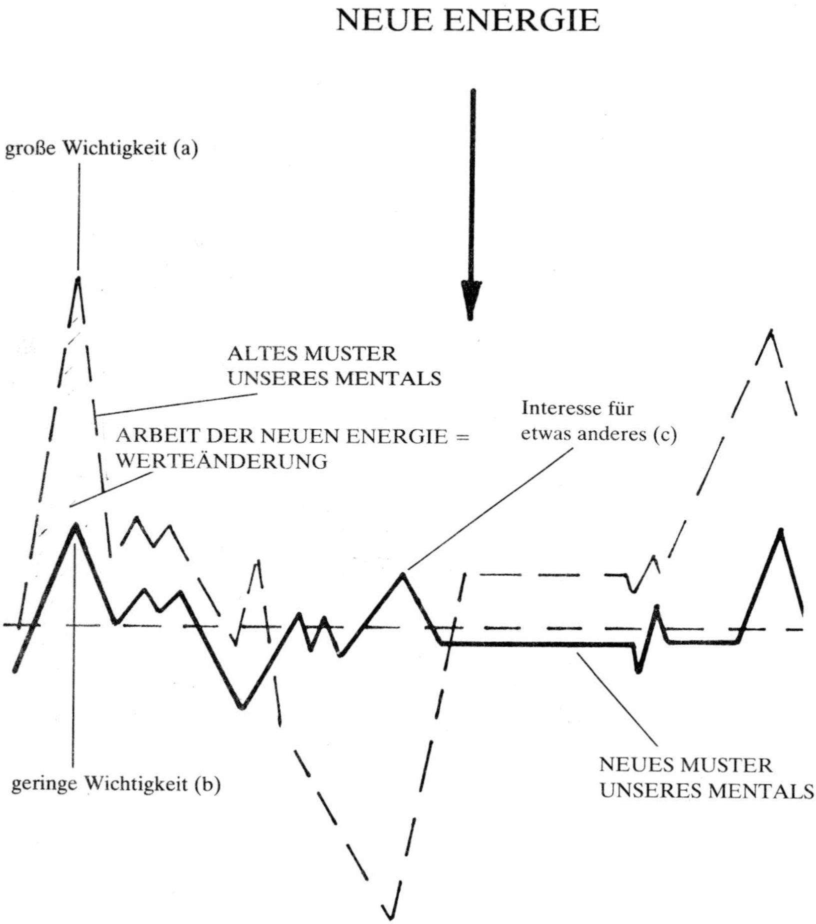

ABBILDUNG 3: *... es erscheint von oben die Neue Energie ... und reduziert ›die Rillen unserer Persönlichkeit‹. ...*

wissen Druck ausübt auf diese Werte. Und was geschieht nun? Die Rillen werden deformiert, das heißt, die Werte ändern sich. Das, was bisher großen Wert besaß, wird jetzt zusammengedrückt.

Nehmen wir jemanden, der zum Beispiel großen Wert auf seine Familie gelegt hat (Punkt a). Die entsprechende Einstellung wird jetzt deformiert, und die Familie ist fortan weniger wichtig in seinen Wertvorstellungen (Punkt b). Vielleicht wächst sogar neues Interesse für etwas, was für den betreffenden Menschen bisher nur negativen Wert besaß (Punkt c).

Je mehr die Energie drückt, um so ausgeglichener wird die Oberfläche der Schallplatte, um so weniger ausgeprägt werden die Rillen.

Doch es gibt da noch die menschliche Trägheit und Gewohnheit, und so funktioniert man auch jetzt letztendlich immer noch entsprechend den alten Programmen, folgt man den alten Rillen. Man funktioniert immer noch aus Gewohnheit, entsprechend den alten Schemata – wenn auch die Rillen fast ausgelöscht sind.

Und jetzt geschieht etwas, vor dem wir uns sehr hüten müssen: Man gibt die Neue Energie für etwas aus, was letztendlich gar nicht mehr vorhanden ist, was einem gar nicht mehr angehört. Man tut es aus reiner Gewohnheit. Und das Ergebnis ist, daß man die neue wertvolle Energie verschwendet – aus Gewohnheit, aus Trägheit.

Wir funktionieren dann weiter nach Scheinbildern, die als Schatten zurückgeblieben sind.

Dabei sollten wir ja anders funktionieren, nach neuen Wertmaßstäben. Was ist also zu tun?

Vor allem einmal muß uns bewußt werden, daß sich etwas geändert hat, daß die alten Rillen in Wahrheit ja gar nicht mehr vorhanden sind oder nur noch ganz schwach, daß die alten Programme nicht mehr existieren, die alten Wertvorstellungen nicht mehr die gleichen sind wie zuvor. Wir selbst haben uns ja geändert und nicht die Außenwelt, wie man dann immer wieder meint.

Weiter sollten wir die Gewohnheiten ändern. Wir sollten versuchen, ein anderes Leben zu leben. Jeden Tag die alten Gewohnheiten etwas verändern, neue Gewohnheiten beginnen, aus den Rillen der Schallplatte ausbrechen. Wir sollten ganz bewußt einmal etwas tun, was wir vorher nicht getan haben, auch einmal etwas Ausgefallenes. Dafür sollten wir bleiben lassen, an was wir uns bisher gewöhnt haben, irgendwelche Routinedinge, die wir automatisch tun, ohne nachzudenken – nur weil wir sie gewohnt sind.

Was geschieht dann? Wir werden ›weicher‹, flexibler. Wir können beginnen, ein neues Leben zu leben, mit anderen Maßstäben, mit anderen Wertvorstellungen.

Und wir werden auch bemerken, daß uns alles immer gleichgültiger wird; alles scheint uns nicht mehr so wichtig zu sein. Wir legen den Umständen und Dingen nicht nur einen neuen Wert, sondern auch einen viel kleineren Wert bei. Es gibt nicht mehr die großen Unterschiede wie früher; die Schallplatte hat nicht mehr diese tiefen Rillen.

Ob es die Familie ist, der Beruf, der Bruder, die Schwester, der Füllhalter, in dem sich keine Tinte mehr befindet, eine Hose, die zu eng geworden ist ... Alles das ist jetzt gleich wichtig beziehungsweise gleich unwichtig. All das hat keine große Bedeutung mehr; das eine hat nicht mehr Bedeutung als das andere.

Das birgt allerdings eine Gefahr in sich. Wir bringen auf der rein materiellen Ebene leicht die Werte durcheinander. Wir beachten nicht mehr, daß dort etwas wichtig ist und etwas anderes unwichtig. Denn für uns selbst besteht ja kein Unterschied mehr. Wir kümmern uns dann unter Umständen nicht mehr genügend um Dinge, die auf der materiellen Ebene noch wichtig sind, und wir verbringen unsere Zeit mit etwas, was weniger wichtig ist.

Dieser Zustand ist gefährlich, wir können nicht mehr wirkungsvoll in der Materie handeln. Wir sollten uns deshalb der Veränderungen bewußt sein, die mit uns geschehen.

Nochmals: Wir sollten uns bewußt werden, daß eine Änderung mit uns vorgegangen ist, wir sollten diesen Prozeß der Werteänderung bewußt erleben und uns entsprechend verhalten. Und wenn wir uns selbst beobachten, werden wir erstaunt sein, in wie weit wir in alten Gewohnheiten verwurzelt sind, obwohl sie uns eigentlich gar nichts mehr sagen. Dennoch sollten wir diese Gewohnheiten fallen lassen; und dies nicht nur in der Theorie, sondern auch in der Praxis. Das ist gewiß nicht immer ganz einfach, denn alles ist ja in uns aufgezeichnet, eingegraben.

Um unsere Gewohnheiten zu ändern, können und sollten wir unser Mental schon einsetzen. Dann ist es natürlich viel einfacher, aus unserer bisherigen Umgebung auszubrechen. Und deshalb sind dann auch die ›Äußeren Freiheiten‹ so wichtig. Aufgrund ihrer fällt es leichter, die äußeren Umstände entsprechend der eigenen Entwicklung zu ändern; aufgrund der Freiheit in der Wahl des Arbeitsplatzes oder der Wohnung zum Beispiel, oder der Freiheit, ein neues Leben beginnen zu können. Man hängt nicht mehr am alten Beruf, man wechselt das Haus und so weiter.

Natürlich sind das Hilfsmittel, und eine Veränderung der äußeren Umstände allein bewirkt noch keine eigene Weiterentwicklung. Selbstverständlich kann man sich auch weiterentwickeln, wenn man am alten Platz bleibt. Aber manchmal hilft es eben, die äußeren Umstände zu verändern, wenn der Druck der Umwelt zu stark ist und er uns zu negativ beeinflußt, wenn der Druck der Umwelt so stark ist, daß wir nicht aus unseren alten Rillen herauskommen.

Denn das Gefährliche ist ja immer, die Energie des Höheren Bewußtseins, diese wertvolle Energie zu verwenden und nach wie vor in den alten Rillen zu arbeiten. Das kann sehr gefährlich werden: ein höheres Potential – und weiter in den alten Rillen. Das geht nicht, und das darf nicht sein! Dafür muß man bezahlen. Man bezahlt mit Leid oder mit zu hohen Reibungsverlusten oder mit Krankheit.

Wir sollten uns auch im klaren darüber sein, daß dieser Prozeß der Werteänderung ohne unser Zutun stattfindet, und zwar nicht nur bei uns, sondern weltweit! Und wir können nichts dagegen tun, selbst wenn wir wollten. Die Kundalini-Kraft ist aktiv!

Die Kundalini ist die Kraft der Zerstörung, der Zerstörung des Egos, eine Kraft des physischen Todes. Man spricht nicht gern von dieser Kraft ... Aber sie ist dennoch heute aktiv, um den Platz zu reinigen für ein neues Zeitalter mit anderen Wertbegriffen.

Die Kundalini reinigt; sie bereitet das Terrain vor, und das geschieht sehr konkret. Man verliert zum Beispiel sein Gedächtnis. Ja! Selbst das Gedächtnis muß verschwinden, denn es ist eine Funktion des Intellektes.

Doch an die Stelle des alten Gedächtnisses mit seinem beschränkten Fassungsvermögen kann dann ein anderes Gedächtnis treten ... und wir können uns an alles erinnern ... denn wir fühlen ›dahinter‹, und dort ist alles ...

Und dann stellen wir fest, daß das neue Funktionieren sogar noch viel besser geht, einfacher und exakter!

Aber auch die anderen Sinne ändern sich. Das, was von der Außenwelt auf uns eindringt, ist nicht mehr so wichtig, und das heißt, daß zum Beispiel Farben nicht mehr so intensiv wahrgenommen werden und auch das dreidimensionale Sehen, das Wahrnehmen der Tiefe des Raumes nicht mehr so stark ist.

Das ist jedoch kein Verlust. Denn an die Stelle des sinnlichen Sehens kommt ein anderes Sehen. Man sieht nicht mehr das Äußere der Dinge und deren Wirkung, sondern man sieht das Wesen der Dinge!

Der Reiz des Äußeren ist nicht mehr da, man sieht alles ›flacher‹. Doch gleichzeitig sieht man schärfer, sieht man ›dahinter‹. Man sieht ohne zu sehen. Und wie geschieht das? Das Auge sieht, ohne an den Dingen zu hängen. Es gibt kein Hängen mehr an den Gefühlen, man wertet nicht mehr. Man sieht etwas und – fertig! Man kombiniert nicht mehr: das ist gut, das ist nicht gut ...

Und so wird die Außenwelt immer unwirklicher. Das ganz tägliche Leben wird irgendwie unwirklich, traumhaft, eigentümlich, eben weil die bisher gewohnten Maßstäbe sich ändern.

Es hat eine Umpolung stattgefunden, eine Umstellung ..., es zählt nicht mehr so stark, was außen ist ...«

»Die ›Transformation der Materie‹ kann nur bei physischer und geistiger Entspannung erfolgen.

Harmonie mit anderen Personen, solchen die dem Herabkommen und Aufsteigen der ›Kraft der Transformation‹ ausgesetzt sind, kann nur dann herrschen, wenn man allen Beteiligten völlige Gedanken- und Bewegungsfreiheit beläßt und man ihre Worte und Handlungen nicht zu verstehen versucht, da diese nur zu oft völlig paradox erscheinen.«

6

Die Individualisierung

»Sind wir ›in Null‹ gekommen, haben wir also kaum mehr Ego, so wird zunehmend das Höhere Bewußtsein die Führung übernehmen. Es wird uns so führen, wie es einerseits zum Besten unserer eigenen Entwicklung ist, andererseits aber im Sinne eines Großen Planes, damit wir innerhalb dieses Planes eine Aufgabe übernehmen.

Jeder Mensch kommt – vereinfacht ausgedrückt – aus zwei Gründen auf die Erde: Einmal zum Zwecke seiner *eige-*

nen Entwicklung im Rahmen seines irdischen Karmas, um weiterzulernen und sich weiter zu vervollkommnen – zum zweiten, um innerhalb eines übergeordneten langfristigen Konzeptes der Großen Macht *eine Aufgabe* wahrzunehmen. Diese Aufgabe entspricht dann seiner ganz speziellen, seiner ganz persönlichen Aufgabenstellung.«

Das Werkzeug eines Göttlichen Planes

»Dies ist der Grund, warum jeder *sein Leben leben* soll – und nicht das eines anderen!«

»Wie kann man erfahren, was die eigene Aufgabe ist?«

»Auch das geschieht ganz persönlich und bei jedem verschieden. Mancher weiß es schon als Kind, er weiß es einfach. Ein anderer ahnt etwas, irgendwann, wenn der Moment gekommen ist. Die Antwort kommt dann von innen.

Deswegen muß jeder Mensch seinem eigenen Inneren Selbst leben, denn jeder Mensch ist anders. Jeder fühlt in sich etwas anderes und achtet auf andere kleine Zeichen. Jeder setzt einen Prozeß in Gang, der individuell verschieden ist.

Diese höhere Macht, die hinter unserem Ego wartet, um hervorzutreten, wirkt kollektiv und individuell. Wir haben gehört, daß sie sogar äußere Bewegungen und die Sprache beeinflußt. Aber wo kann das stattfinden? Nur im individuellen Menschen, und zwar in seinem täglichen Leben. Dort wo er sich befindet und arbeitet, dort ist diese Kraft aktiv.

Es handelt sich um keine Massenbewegung, auch wenn es die Menschen in ihrer Gesamtheit angeht. Es handelt sich nicht um einen Vorgang, der in Gemeinschaften stattfindet. Im Gegenteil: Gemeinschaften und Gruppenbildung können sogar hinderlich sein.

Damit diese Energie sich auf unserer Ebene realisieren kann, muß sie durch Einzel-Menschen wirken, durch unabhängige Individuen, Menschen, die zwar zusammenarbeiten, die aber unabhängig voneinander sind. Sie muß wirken durch unabhängige, freie Menschen – nicht Roboter –, die sich nach innen wenden, empfindsamer werden, aufmerksamer, und bei denen jeder einzelne sein eigenes Leben lebt.

Jeder Mensch kommt auf die Erde mit einer persönlichen Vergangenheit, mit seinem eigenen Karma, damit mit seinem speziellen Schicksal. Sein Karma muß er leben, wobei es das Ziel ist, dieses irdische Karma zu überwinden, um in einen Göttlichen Plan einzutreten. Dort ist dann alles offen, alles möglich.

Das Ziel ist es, irdisches Karma zu überwinden, um in einen Göttlichen Plan einzutreten; und dort ist alles offen. Was bedeutet das?

Der Mensch lebt solange auf der irdischen Ebene, bis er sein irdisches Karma überwunden hat, das heißt, bis er sich befreit hat aus der Verstrickung seiner irdischen Vergangenheit. Dabei verstrickt er sich immer von neuem, solange er das tut, was sein Ego will, und – wenn er nicht sein eigenes Leben lebt, wenn er sich dirigieren läßt von seiner Umwelt, wenn er neue Karma-Knoten knüpft! ...

Aber wenn er dieses irdische Karma durchlebt, abgearbeitet, überwunden hat, ist er bereit, ein Werkzeug innerhalb eines Göttlichen Planes zu werden.«

»Und wie geht es dann weiter?«

Dann beginnt ein Abenteuer! Etwas Neues passiert. Es gibt dann ja kein Schicksal mehr, kein individuelles Schicksal. Es gibt nicht mehr die vom eigenen Karma vorgegebene Zukunft. Dann ist der Mensch frei. Dann ist alles offen ...

Alles hängt dann vom nächsten Schritt ab – den jeder einzeln für sich geht, freiwillig, unabhängig, individuell, schöpferisch ... Dieser nächste Schritt ist dann nicht vorbestimmt. Er ist Schöpfungsakt ... individueller Schöpfungsakt! ...

In dem Moment, in dem man in einen Göttlichen Plan eintritt, tut man den ersten Schritt. Und der nächste Schritt hängt von jedem einzelnen ab, denn *er selbst* tut ihn! Jetzt beginnt das große Abenteuer, jetzt beginnt die Zukunft, jetzt beginnt das Mysterium!«

»Es ist das Individuum, welches zählt, mit seinem eigenen Persönlichkeitspotential. Man verlangt von uns nicht, ›an etwas‹ zu glauben. Man erwartet nur, daß wir eindeutig wir selbst sind. Wenn man von uns erwartet, an etwas zu glauben, dann an uns selbst!«

Die Entscheidungsfreiheit des Menschen

»Manchmal hat man keine Wahl, muß man bestimmte Punkte seines Schicksals anlaufen; muß man zu der oder der Zeit, an den oder den Ort kommen, mit der oder der Person zusammentreffen. Das ist dann so vorgesehen, so vorausbestimmt. Es handelt sich dann um Vereinbarungen, um recht zwingende Abläufe.

Doch zwischen diesen Schicksalspunkten hat der Mensch die freie Wahl. Er kann nach links oder rechts gehen, er kann Umwege machen oder gerade laufen. Der Mensch wird dann nicht gezwungen. Das Höhere Bewußtsein geht dann mit, schiebt vielleicht etwas an, rückt etwas zurecht ... Aber der einzelne Mensch muß sich selbst entscheiden über den Weg, den er gehen will.

Doch der Mensch hat Angst, von den anderen allein gelassen zu werden, hat Angst, die bekannten Wege zu verlassen. Er hat Angst vor seiner eigenen Entscheidungsfreiheit!

Die Leute sagen immer, sie wollten frei sein und selbst entscheiden. In Wirklichkeit ist es aber ganz anders. Die meisten Menschen wollen sich in Wahrheit garnicht um ihre eigenen Angelegenheiten kümmern. Sie haben Angst davor, ihr eigenes Leben zu leben.

Sie suchen nach allen möglichen Ausflüchten und Argumenten, die sie vorschieben, um nicht ihr eigenes Leben leben zu müssen: Verpflichtungen gegenüber den Kindern, gegenüber dem Beruf, gegenüber dem Ehepartner, gegenüber ...

Immer glauben sie, Verantwortung gegenüber irgend jemandem zu haben, ein Grund, der sie dafür entschuldigt, daß sie sich nicht um ihre eigenen Angelegenheiten kümmern können.

Solange sie das aber nicht tun, wird es immer wieder die gleichen Probleme geben: Der eine verläßt sich auf den anderen, kümmert sich dabei aber um dessen Angelegenheiten.

Dabei kann nur jeder selbst seine eigenen Probleme und seine eigenen Aufgaben lösen. Alles andere ist Illusion und bringt nur Konfusion und Leid mit sich – und neue karmische Bindungen.

Doch jeder muß lernen, sein Leben in eigener Verantwortung, unabhängig von anderen, zu leben. Nur so kann er lernen, nur so Hindernisse abbauen; nur so kann er sich freimachen von seiner Vergangenheit.

Und deswegen ist es so wichtig, ›sein Leben zu leben‹ – und nicht das der anderen! Wenn wir das Leben der anderen leben, das Leben einer Gruppe von Menschen, dann fühlen wir uns zwar wohl. ›Geteiltes Leid ist halbes Leid‹. Als Mitglied einer Gruppe hat man kleinere Probleme zu überwinden. Doch das liegt nicht im Sinne der Entwicklung; denn Entwicklung erfahren,heißt Hindernisse überwinden lernen.

Der Einzelne ist sonst nicht mit seinem Leben konfrontiert. Er lebt das Leben einer Gruppe, hat seinen kleinen Platz innerhalb dieser Gruppe einzunehmen und die kleinen Ängste dieses kleinen Platzes zu überwinden. Das ist dann alles. Er hat sich nicht freimachen können. Jeder sollte aber dort sein, wo er seine eigenen Probleme und Hindernisse, die seines Karmas, überwinden kann.«

»Doch dann wäre keine organisierte Arbeit möglich. In einem Betrieb würden die Leute eine Woche bleiben und dann wieder gehen ...«

»Ja, aber andererseits würde man nicht gehen, wenn man wirklich an seinem Platz wäre, an genau *dem* richtigen Platz. Die Leute, die bleiben, sind diejenigen, deren Aufgabe es ist, gerade an *diesem* Platz zu sein!

Doch wie sieht es aus, wenn wir uns umschauen? Überall sehen wir Menschen, die nicht an ihrem Platz sind. Die Sekretärin denkt an den Urlaub am Mittelmeer, die Verkäuferin in einem Kaufhaus an die Berge ... Niemand ist dort, wo er hingehört. – Wer lebt wirklich sein Leben?

Das sind die Probleme der Praxis. Heute sind wir noch nicht so weit – noch nicht ganz –, doch in Zukunft wird das Leben der Menschen, auch in der Industrie, entsprechend ablaufen – ob wir wollen oder nicht. Schon sind wir inmitten eines Umbruchs. Noch ist es zwar nur ein Tasten; niemand versteht so richtig, was eigentlich passiert. Doch es sind die Gesetze der Energien von morgen, die heute schon einwirken auf uns.

Der Mensch ist zwar frei geschaffen, aber durch sein *eigenes* Handeln legt er sich Fesseln an. Er soll sich frei machen von seinem Ego, von seinem Karma, von seiner Umwelt. Erst dann kann er Werkzeug werden für die Neue Energie, erst dann – und das mag paradox klingen – ist er frei, wirklich schöpferisch tätig zu werden. Erst dann hat er die Möglichkeit, ein ganzer Mensch zu werden.

Aber den Willen zur Freiheit muß er selbst haben. Er braucht Mut dazu und Vertrauen. Denn nicht immer ist der Weg schmerzlos dorthin:

Alle bestehenden Verbindungen müssen abgeschnitten werden. Man muß alles ausziehen und zurücklassen: die Hemden, die Armbanduhr, die Hosen, die Strümpfe und die Schuhe ... Immer wieder muß etwas ausgezogen werden.

Und daran muß man denken, denn der Mensch handelt normalerweise anders: Zieht er ein Hemd aus, dann zieht er gleich wieder ein anderes an und möglichst noch ein zweites darüber. Oder er zieht eines aus und ein anderes an, welches weniger gut als das andere ist. Weil er nicht unterscheiden kann und weil er sich nicht trennen kann …

Ich meine das so: Befindet sich jemand in spiritueller Entwicklung, dann entwickelt er sich weiter, von einer Seelenschwingung zur nächsten. Und eines Tages stellt er fest, daß er allein ist. Doch nun hat er nur noch einen Wunsch: Sobald wie möglich wieder zusammen zu sein mit den anderen und wieder Verbindungen zu knüpfen. Und schon schafft er neue Abhängigkeiten. Das ist die Welt des Vitals.

Ist er gewachsen, hat er Kraft bekommen, wurde sein Potential an ›höherer‹ Energie vergrößert. Was tut er dann mit diesen neuen Möglichkeiten? Er hat nur noch einen Wunsch: so schnell wie möglich wieder zurückzukehren in seine alte Umgebung, an seinen alten Platz, und Freunde zu finden, Dinge zu kaufen, … in den alten Rillen zu laufen …

Doch es heißt aufpassen, denn die Neue Energie verschwendet sich nicht. Es wurde schon gesagt: ›Diese Kraft aus einer anderen, höheren Ebene hilft oder hilft nicht – je nach der Richtung, die der Mensch einschlägt, *nachdem* ihm geholfen und ihm der richtige Weg gezeigt wurde …‹«

»Sich zurückzuziehen und sein eigenes Leben zu leben, ist dies nicht eine Art Egoismus?«

»Es geht nicht darum, sich zurückzuziehen, sondern darum, sein eigenes Leben zu leben. *Es geht darum, sich nicht beeinflussen zu lassen, aber auch selber nicht zu beeinflussen.* Was allein zählt, ist daß man sich richtig verhält. So gesehen, ist dies eine Art Egoismus. Heute denkt aber doch jeder, die Welt ändern zu müssen, indem er die *anderen* ändert.

Doch die Welt kann er nur ändern, wenn er sich selbst ändert, dadurch daß er sich selbst richtig verhält, ›in Null‹ ist, tut was er in sich spürt – ohne eigenes Ego, ohne Beeinflussung durch andere. Das ist die erste Voraussetzung, um in die richtige Richtung gehen zu können.«

> *»Unter Individualität ist zu verstehen die totale Freiheit – dabei nicht so sehr die eigene, als vorallem die des anderen: Nichtbeeinflussung, Toleranz.«*

Die Beeinflussung

»Individualität heißt vorallem, unabhängig zu sein von Beeinflussung. Wir werden von allen Seiten beeinflußt. Das ist die eine Seite, hier muß man aufpassen und sich schützen. Aber auch wir selbst sollen nicht beeinflussen, sondern müssen tolerant sein. Der andere sollte immer wählen können. Er muß seine Freiheit haben, sonst kann *er* sich nicht entwickeln. Er muß seine eigenen Erfahrungen sammeln.

Von innen nach außen geht der Weg – von *seinem* Inneren

in die Außenwelt. Und es sollen seine Aktionen sein, sein Es, sein eigenes Karma, das er leben muß.

Auch soll man den Bewegungen der anderen keinen Widerstand entgegensetzen, die anderen sich in die Richtung bewegen lassen, die *sie* für richtig halten. Man soll versuchen, die anderen um sich herum sozusagen von einer höheren Warte aus zu beobachten. Und wenn man sich selbst in einer verantwortungsvollen Rolle glaubt, soll man dem anderen liebevoll zusehen, vielleicht nur etwas darauf achten, daß keine zu großen Dummheiten gemacht werden.

Dabei kann man selbstverständlich Ratschläge und Hilfsangebote geben – aber man soll nicht beeinflussen! Es ist das Beste, was man den anderen Menschen gegenüber tun kann: Möglichkeiten bieten, Hilfe anbieten, ein bißchen liebevoll korrigieren – aber ansonsten laufen lassen …

Der andere muß die Möglichkeit haben, sich unabhängig zu entwickeln und unabhängig und allein die richtigen Schritte zu tun. Das ist sehr wichtig und gilt für jeden und überall. Denn nur wenn man allein und unbeeinflusst ist, kann man den von innen kommenden Impulsen, den ›inneren Reflexen‹ auf eine bestimmte Situation, spontan nachgeben und so reagieren, wie man es von innen heraus fühlt.

Wir denken oft, wir helfen. Aber ist es wirklich immer Hilfe, was wir geben? Hilfe geht meist den Weg des Egos. Hilfe geben, ja – vorausgesetzt man ist selbst ›auf Null‹. Wenn der Impuls zum Helfen da ist, warum dann nicht helfen? Doch

Hilfe muß von innen kommen, einem spontanen inneren *Impuls* gehorchen, und zwar aus einer neutralen Position heraus, ohne Ego. Ohne Ego heißt hier ohne mentale Überlegung, ohne ›Gefühl‹.

Hilfe ist ein delikates Phänomen. Was hat der andere wirklich not-wendig? Und Hilfe kann eine subtile Art der Beeinflussung sein!«

»Wir sollten uns sehen als Instrumente vollkommener Wesen, sollten uns so verhalten, daß die Intuition immer ungestört kommen kann. Gehen wir nicht unseren eigenen Weg, bieten wir den anderen Menschen keinen Widerstand, richten wir uns danach, was den anderen gefällt – dann sind wir nicht wir selbst, dann sind wir nicht ein Instrument des Höheren Bewußtseins, dann sind wir vielmehr Instrumente unserer Umwelt.

Irgendwann kommt die Zeit, wo wir auf andere keine Rücksicht mehr nehmen können. Dann fühlen wir in unserem Inneren, daß dort etwas will. Dann müssen wir bereit sein, frei sein, um dem inneren Impuls zu folgen – trotz der anderen, unabhängig von dem, was die anderen denken und wollen.«

Das Individuum

»Wir sind Individuen und dabei gleichzeitig Teil der Menschheit. Wir leben nur, weil es auch die anderen gibt. Auf einer Ebene hängen wir zusammen. Doch deswegen brauchen wir keineswegs in Gruppen zu leben.

Je mehr man in Gruppen zusammenlebt, um so langsamer geht es voran, um so mehr Dummheiten macht man – kollektive Dummheiten der Gruppe. In der Gruppe multiplizieren sich die Probleme des Egos. Je mehr man in Gruppen lebt, um so mehr persönliche Verknüpfungen gibt es. Je mehr Verknüpfungen bestehen, um so schneller erlahmt man.

Andererseits, in der Gruppe hat man Vital-Energie, ist es angenehmer …

Doch die Zeit, die Zeit zählt! Ein menschlicher Körper ist sehr empfindlich, er ist ja so zerbrechlich. Und je weiter sich ein Mensch entwickelt, um so empfindlicher wird er, um so komplizierter wird es mit seinem Körper. Doch um so schneller kann er voranschreiten, weil der Körper immer weniger mitspricht.

Und die Zeit, die einem Körper hier auf der Erde zur Verfügung steht, ist sehr begrenzt. Deswegen, wenn es etwas zu tun gibt, sollte es heute getan und nicht bis morgen damit gewartet werden. Und das ist das Problem im Umgang mit den Menschen: Sie handeln nicht spontan, nicht sofort. Und wenn sie endlich kapiert haben, ist es zu spät; dann braucht man sie nicht mehr ...

Deswegen kann die eigene Entwicklung am schnellsten fortschreiten, wenn man allein und unabhängig ist.«

Die »Seelenverwandtschaften«.

»Je weiter man sich entwickelt, um so sensibler wird man. Dann treten Diskrepanzen zur Umwelt auf, der jeweile Unterschied wird zu groß. Unser Inneres Selbst kann die anderen Menschen dann einfach nicht mehr ertragen. Es geht vielleicht für einen Tag, oder für zwei oder drei – aber dann geht es nicht mehr.

Den anderen Menschen jedoch geht es genau so. Wir haben gehört, daß sich Menschen mit gleicher Seelenschwingung anziehen. Man trifft sich, man spürt eine Verwandschaft und man schließt sich einander an. Das sind die ›Seelenverwandtschaften‹.

Wir können uns vorstellen, daß zukünftig auf dieser Grundlage neue ›Familien‹ entstehen, Familien nicht mehr durch Blutsverwandtschaft, sondern durch die Verwandtschaft der Seelenschwingungen. Das sind dann Familien, die durch das gleichhohe Niveau der fortschreitenden geistigen Evolution miteinander verbunden sind, durch das gleichhohe Niveau der Sensibilität.

So kann es durchaus passieren, daß sich Kinder geistig schneller weiterentwickeln als ihre Eltern. Kinder sind den Eltern anvertraute Seelen. Sie stellen aber eine neue Generation, und diese spürt die Zukunft, ist zudem noch nicht so festgelegt. Daß dann Probleme im Zusammenleben aufkommen, ist verständlich. Jemand, der weiter entwickelt ist, wird innerlich nicht akzeptieren können, daß ihm etwas vorgeschrieben wird, was ihm nicht entspricht.

Und so werden die Menschen später nicht deswegen zusammen sein, weil sie aus irgendwelchen gesellschaftlichen oder familiären Gründen zusammen sein sollen, sondern ganz einfach, weil sie sich so wohlfühlen. Und mit zunehmender Entwicklung der Menschheit und aufgrund der unterschiedlichen Entwicklungsgeschwindigkeiten der einzelnen Menschen wird es immer mehr Unterschiede zwischen den Menschen und Umgruppierungen geben.

Die Menschheit entwickelt sich rasch. Wir befinden uns mitten in diesem Prozeß, und wir können feststellen, daß es seit einigen Jahrzehnten erhebliche Unterschiede zwischen den einzelnen Menschen gibt und daß sich immer neue Gruppierungen bilden.

Deswegen nochmals: Individualisierung. Zuerst loslösen von den alten Bindungen, sich freimachen, ›auf Null‹ kommen, den inneren Impulsen folgen – und dann sich neu gruppieren, ... aber flexibler, freier und freiwillig ...

Loslösen ja – doch deswegen nicht einsam leben; das meine ich nicht. All das darf den einzelnen nicht davon abhalten, in Kontakt zu bleiben mit seiner normalen Umwelt. Er sollte trotzdem in der Lage sein, bis nach ganz unten in die Materie einzudringen! Er muß, egal wo er sich befindet, in dieser Welt leben, so wie diese Welt nun einmal ist. Er muß dorthin gehen, wo sein Platz ist, und dort wirken, in der Materie arbeiten, mit den Menschen zusammen sein – und sei es auch immer nur für eine relativ kurze Zeitspanne. Der Kontakt muß bleiben, es muß Austausch da sein, Austausch von Kräften.

Bei fortschreitender Entwicklung besteht die Gefahr, daß man nicht mehr in der konkreten Wirklichkeit, in der materiellen Welt leben möchten, daß man danach trachtet, ihr zu entfliehen. Selbsverständlich müssen wir uns zurückziehen, wenn die Sensibilität größer wird.

Dabei müssen wir aber mit unseren Beinen auf der Erde, müssen wir wir selbst bleiben. Wir selbst, aber mit zusätzlichem Verständnis, größerer Sensibilität, mit dem ›ja‹, das von innen und dem ›nein‹, das von innen kommt!«

»Den ›Neuen Gesetzen‹ zu folgen, heißt, mit ihnen in Harmonie zu sein; zunehmende Sensibilität läßt unser Bedürfnis nach Harmonie immer größer werden.«

7

Die Neue Gerechtigkeit

»Warum benötigen wir neue Gesetze? Sollten nicht die bekannten erst einmal beachtet werden?«

»Was sagen denn die ›alten‹ Gesetze? Tue Gutes, hilf deinem Nächsten! ...‹ Sehen Sie, schon sind wir wieder bei den Religionen und Systemen: ›Tue Gutes! Du sollst ... Du darfst nicht! ...‹

Das ist alles sehr gut und sehr richtig – nur spielt sich das auf dieser irdischen Ebene ab. Und wo bleibt das Übrige? ›Der Rest‹, das ›dort oben‹, diese Ebenen sind eben auch Gesetzen unterworfen. Und wenn diese Ebenen mit unserer immer mehr in Berührung kommen, dann sieht das anders aus.

Wenn wir uns jemanden vorstellen, der von dort kommt, der den Gesetzen von ›dort oben‹ unterliegt und der hier auf der irdischen Ebene nach jenen Gesetzen von dort handelte; man würde ihn hier nicht verstehen, und es gäbe Probleme. Denn seine Handlungen hier unten wären ja an die Gesetze der Welten ›dort oben‹ gebunden. Gleichzeitig würde er aber auch nach den Gesetzen der Erde hier handeln müssen – denn alles hängt zusammen, alles ist eine Einheit.

Die Systeme und Gesetze der Religionen – so wie wir sie kennen – waren für eine bestimmte Zeit außerordentlich nützlich. Es sind dies Gesetze für die irdische mentale Existenzebene, Verhaltensregeln für die Entwicklungsphase einer Menschheit, die noch vollständig von ihrem Ego gefangen ist. Es wurden hier Grenzen gezogen, die die Menschheit mit ihrem eigenen, an ihr Ego gebundenen Willen nicht überschreiten sollte, da sonst zu große Probleme im Zusammenleben der Menschen entstanden wären. Es handelte sich um Gesetze speziell für die Entwicklung des Egos einer bestimmten Stärke«.

Der zusätzliche Freiheitsgrad

»Aber für unsere Weiterentwicklung müssen wir nun andere Ebenen und deren Gesetze mit einbeziehen. Die bisherigen Gesetze reichen heute nicht mehr aus, sie können sogar zu Bremsklötzen werden.

›Unsere‹ Gesetze werden heute zunehmend zu Hindernissen für die Kräfte, die von ›dort oben‹ nach ›hier unten‹ kommen wollen. Die uns bekannten Gesetze auf unserer Ebene blockieren das Herabkommen anderer Energien und das Arbeiten dieser Energien in uns und durch uns.

Und dann dürfen wir eines nicht vergessen: Es gibt ja noch das Gesetz des Karmas; die Menschheit als Ganzes und jedes einzelne Individuum besitzt ein Karma. Dieses Karma drängt auf Auflösung.

Allerdings, um das verstehen zu können, sollte man selbst Erfahrungen gemacht haben. Man kann nicht verstehen, was man nicht selbst gefühlt hat. Man sollte in sich selbst die Gefühle erlebt haben, die das Karma uns als Widerstand entgegensetzt. Wir sollten zum Beispiel etwas tun, dann spüren wir die Kraft, die uns behindert, eine Kraft, die uns wehtut oder die etwas blockiert oder die uns abdrängt.

Das müssen wir selbst an uns, in uns gespürt haben. Wir können alle Bücher lesen, die wir lesen wollen – Bücher ersetzen diese Erfahrung nicht. Diese Gesetze von ›dort oben‹ sind *in* uns! Wenn wir die Gesetze des Karmas nicht in uns gespürt haben, wissen wir nicht, um was es geht. Wir müssen es selbst erleben!

Wir leben ja immer aufgrund von Ursachen und ihren Auswirkungen, und dies von früh bis spät. Es handelt sich um Ursachen, die wir selbst gelegt haben oder die aus unserer Umwelt stammen. Je mehr diese Kraft von hier oben in uns einwirkt, um so stärker spüren wir die Bindungen an Ursachen, um so stärker spüren wir die Widerstände, spüren wir die Trägheit überall. Dieses Gefühl wird immer stärker, je sensibler wir werden, je weiter wir uns entwickeln.

Das kann soweit gehen, daß wir schließlich überhaupt nichts mehr tun möchten. Wir möchten nicht mehr aus dem Haus gehen, wir wagen nichts mehr zu unternehmen. Wir können kaum noch atmen, alles wird immer schwieriger. Denn wir spüren auf der einen Seite die Gesetze von hier und auf der anderen Seite die Gesetze von dort.

Denn den Gesetzen folgen, heißt, mit ihnen in Harmonie zu sein. Und zunehmende Sensibilität zwingt uns immer mehr zur Harmonie.«

»Sind diese ›neuen‹ Gesetze heute neu, gab es sie früher nicht?«

»Diese Gesetze sind neu in ihrer Wirkung auf uns. Dabei sind sie eigentlich nicht neu. Die Gesetze von ›dort oben‹ sind Gesetze, die immer die gleichen sind. Nur werden die Menschen erst ab einem bestimmten Entwicklungsgrad für sie empfänglich. *Die Gesetze sind absolut,* sie sind immer dieselben, es sind *die* Gesetze.«

»Und die Menschen sind heute so weit entwickelt, daß sie diese Gesetze spüren können?«

»Erst heute können wir diese Gesetze in uns spüren. Die Gesetze sind heute *in uns.* Bis jetzt waren da Bücher notwendig, man benötigte soziale Systeme und Religionen. Man brauchte einen äußeren Rahmen, die Justiz, die Polizei und so weiter.

Aber heute werden die Gesetze, die Systeme, der Rahmen immer fragwürdiger und sogar falsch. Denn wir haben heute diese Kraft, dieses ›andere‹ Wollen ›hinter‹ unserem Ego. Diese Kraft spüren wir jetzt besser, weil wir sensibler geworden sind.

Deswegen wird es immer schwieriger, die äußeren Beschränkungen zu ertragen. Wir haben ja bereits Anteil an dieser Neuen Energie und unterliegen damit bereits von innen her Beschränkungen – oder Regeln, anderen ›Gesetzen‹. Wir spüren unbewußt, unterbewußt diese neuen Zwänge der Harmonie in uns. Da diese Zwänge sehr kraftvoll sind, müssen sie sich auswirken. Und deswegen wird es nun immer schwieriger, zusätzlich noch die von außen kommenden Beschränkungen zu ertragen. Die äußeren Einschränkungen müssen lockerer werden.

Früher gab es diesen Druck von innen eben noch nicht. Die Einschränkungen von außen waren gerechtfertigt – obwohl sie wie immer übertrieben waren –, denn sie waren Einschränkungen, von Menschen auferlegt ... Die früheren Gesetze wirkten von außen. Die Neuen Gesetze wirken von innen nach außen!«

Das eigene Potential

»Eine der wichtigsten Grundvoraussetzungen, um mit seinem eigenen Inneren in Harmonie sein zu können, ist die Ehrlichkeit. Hiermit meine ich nicht so sehr die äußerliche Ehrlichkeit, so wie wir sie erlernt haben. Ich meine die Ehrlichkeit, die von innen kommt. Unser Inneres und unser Äußeres müssen in Harmonie zu einander stehen. Wir können dann äußerlich nichts anderes darstellen, als es unserem Inneren entspricht.

Das Erste, was somit jeder tun sollte, ist, sich über sich selbst Rechenschaft abzulegen und sich zu fragen, was er ist und was er besitzt.

Und dann sollte er das sein, was er ist, und das haben, was ihm gehört. Damit er, darauf aufbauend, seine ›äußeren Freiheiten‹ realisieren kann.

Er sollte das haben, was ihm selbst gehört, was ihm wirklich entspricht. Er sollte sein eigenes Potential haben, innerlich und äußerlich. Gemeint ist das Potential aufgrund seines Karmas: ›Wir bekommen nur, was wir verdienen; entsprechend unserer inneren Einstellung, unserer Verdienste … (also unseres Karmas)‹. Das ist unser Potential. Mit dem können wir arbeiten, und dies sollten wir benutzen.

Doch heute ist das noch nicht allgemein so. Jeder hat ›die Hand in der Tasche des anderen‹. Das ist die erste Phase der

Entwicklung. Das ist die Welt des Vitals: Jeder zieht, jeder versucht zu bekommen – auf Kosten des anderen.

Der erste Schritt auf dem Weg zu seinem eigenen Potential ist die absolute Ehrlichkeit zu sich selbst. Bei diesem Bemühen wird uns geholfen; es läuft sozusagen ›automatisch‹ ab. Alles, was sich nicht in Harmonie mit der Neuen Energie befindet, stirbt ab.

Jeder, ob Einzelperson, ob Unternehmen oder Staat, wird derzeit auf sich selbst zurückgestoßen. In dieser Phase befinden wir uns gegenwärtig. Die Vital-Energie zieht an, aber die Neue Energie bewirkt das Gegenteil: sie stößt ab, stößt zurück. Sie ist die Energie der Trennung auf der materiellen Ebene, die Energie der Individualisierung. Die Menschen werden von ihr gezwungen, sich auf ihr eigenes Potential zurückzuziehen, sie werden auf ihr eigenes Potential zurückgestoßen. Ihr Bewußtsein verändert sich.

Die vielen verwirrten und verwirrenden Fadenknäuel zwischenmenschlicher Beziehungen werden entwirrt. Derzeitige Beziehungen basieren ja fast ausschließlich auf Mechanismen der Vital-Energie, des Haben-Wollens, auf ungesunden Mentalkonstruktionen und auf karmischen Ursachen. Auch bei diesen Entwirrungen wird uns geholfen. Die Knoten werden entwirrt und die Fäden werden abgeschnitten. Das ist unsere große Chance. Das ist der Prozeß der Individualisierung, der gegenseitigen Nichtbeeinflussung: Jedem Menschen sein eigenes Potential!

Und jeder wird dabei mit dem konfrontiert, was ›er selbst ist‹, mit seinem eigenen Potential. Manchmal ist es mehr, als er dachte, manchmal weniger. Das was bleibt, ist sein ›echter Reichtum‹. Mancher verliert, ein anderer bekommt Möglichkeiten ›zugespielt‹. Jeder muß selbst fühlen, ›dahinter‹ sehen und ehrlich zu sich selbst sein. Das ist die Gerechtigkeit.

Und dieses eigene Potential sollte jeder ›realisieren‹ und sich so seine ›äußeren Freiheiten‹ schaffen – jeder seine eigenen, je nach seinem Karma und je nach seinen Aufgaben.

Sein Potential sollte man nicht vermischen mit dem Potential anderer oder mit dem, was man beispielsweise für andere verwaltet. Vor allem sollte dieses andere Potential nicht für die Zwecke der Erfüllung eigener persönlicher Wünsche verwendet werden. Jeder sollte nur mit seinem eigenen Potential, seinen eigenen Möglichkeiten leben und funktionieren.

Sonst besteht keine Klarheit, und alles geht durcheinander. Es kann nur perfekt funktionieren, wenn jeder für sich selbst Individualist ist, wenn jeder mit seinem eigenen Potential, sei dies groß oder gering, und unabhängig von den anderen lebt und arbeitet. So ist die Gesellschaft der Zukunft gestaltet.

Auf dieser Basis, aus einer unabhängigen Situation heraus, kann dann der individuelle freie Mensch kommunizieren und sich mit anderen Menschen austauschen. Er kann helfen – oder nicht helfen. Aber er tut alles aus freien Stücken, ohne jede Verpflichtung.

Aber so wie wir heutzutage, da jeder versucht, den anderen für sich zu verpflichten, zu binden, das große Durcheinander haben, so geht es in Zukunft nicht weiter. Wir haben eine kranke Situation, der die Energie entzogen werden wird.

Niemand darf dem anderen etwas nehmen, was ihm nicht gehört. Das ist das Gesetz!«

> *»Die Welt der Zukunft ist die Welt des Austauschens und der Verbindung von Energie-Potentialen.«*

Das Geben und Nehmen

»Der erste Schritt heißt also: Individualisierung. Jeder kümmere sich um seine eigenen Angelegenheiten und lasse den anderen sein eigenes Leben leben. Jeder kümmere sich um sein eigenes Potential.

Der zweite Schritt lautet: Diese selbständigen Individuen kooperieren auf *freiwilliger* Basis miteinander, nach dem Gesetz des Gebens und Nehmens, des Austausches von Energie.

Bis jetzt wollte der einzelne Mensch vom anderen etwas haben. Die Kommunikation, der Austausch von materiellen

Dingen und anderen war schwer und zäh, da jeder das behalten wollte, was er hatte.

Das Gesetz der Neuen Energie ist Geben, das heißt Öffnung, Ausstrahlung. Und das bedeutet das Gegenteil von Nehmen und von Spekulationen. Spekulation ist eine mentale Kombination: Ich gebe etwas, um etwas zurückzubekommen. Doch diese Funktion ist zum Sterben verurteilt, weil ihr die Energiebasis entzogen wird. Menschen, die noch in diesem Sinn leben und funktionieren, können auf die Dauer keinen Erfolg mehr haben, weil ihnen die dazu erforderliche Energie ›von dahinter‹ nicht mehr zur Verfügung gestellt wird.

Die Arbeitsweise der heutigen Gesellschaft ist so: Ich will etwas bekommen und überlege mir, wie ich es anstellen kann, möglichst wenig dafür zu geben. Dies ist also eine Überlegung der Phase eins der Entwicklung.

Wird nun nicht mehr spekulativ gehandelt. kann man nur noch spontan von innen heraus entscheiden. Dann entscheidet nur noch unser Inneres, nicht mehr das Mental. In diesem Falle muß man aber auch akzeptieren können, einmal etwas zu verlieren.

Die Neue Energie ist nicht spekulativ, nicht auf ein mentales Ziel hin ausgerichtet. Und das gilt nicht nur in Bezug auf materielle Dinge. Man denkt und handelt überhaupt nicht mehr, um sich einen Wunsch zu erfüllen oder um zu lernen, zu wissen —oder sich auch nur (vermeidlich) richtig zu verhalten. Denn dies ist alles Spekulation; ich tue es ja, um irgendwann etwas dafür zu bekommen. …

Auch Geschenke zu machen fällt darunter. Denn oft sind Geschenke ein Element der Spekulation oder der Beeinflussung. Solche Geschenke zu machen oder anzunehmen widerspricht darum den geistigen Prinzipien.

Also nicht kalkulieren, nicht spekulieren, sondern spontan handeln, dem momentanen Impuls folgen, dem Jetzt leben!

Alles ist eine Frage der Energie. Die Energien müssen in beiden Richtungen fließen. Das gilt auch in Bezug auf das geistige Wissen. Man muß es erwerben, erarbeiten, etwas dafür geben. Auch hier gilt: Nichts schenken lassen und nichts verschenken, sondern sein eigenes Energiepotential erwerben und stabilisieren.

Und in dem Maße, wie der einzelne Mensch Individuum wird und *sein eigenes Potential um sich sammelt* – in dem Maße ist er in der Lage, dieses sein eigenes Potential, dem anderen anzubieten und sich mit ihm auszutausen.

Das ist die Transformation, das ist die Umkehrung der Energieströme. Zuerst vitale Energie von außen nach innen, geben, um zu nehmen; und dann die Neue Energie, von innen nach außen: Öffnung, Geben und Nehmen, ja, mehr noch: *Geben – ohne Gedanken an das Zurückbekommen!*

Und ist dieses Öffnen geschehen, kann die Energie fließen – nach draußen. Und mehr Energie kann nachkommen – von innen.

Transformation bedeutet nicht nur, Potential zu besitzen, sondern auch, dieses Potential einzusetzen. Auf den ersten Blick erscheint das erschreckend, und in gewisser Beziehung ist es das auch; denn der einzelne Mensch hat jetzt mehr Potential und damit auch mehr Macht. Deswegen sollte er ›in Null‹ sein, um diese Macht nicht für sein Ego einzusetzen.

Ein Mensch ist einerseits überhaupt nichts, nur ein kleines Pünktchen im Universum. Im Verhältnis zu den gewaltigen kosmischen Kräften ist er einfach ein Nichts.

Auf der anderen Seite kann ein einzelnes Individuum ein phantastisches Potential darstellen. Und jeder Mensch stellt beide Seiten gleichzeitig dar.

Der Mensch allein, für sich selbst, kann überhaupt nichts erreichen. Erst dann, wenn er vom Schöpfergeist erfaßt wird, vom Schöpfergeist, der durch ihn handeln will – dann kann er alles tun!

Verbindet sich das universelle Potential mit dem kleinen Potential des Individuums, dann handelt dieses Individuum mit der ganzen Kraft von ›dahinter‹. Und das ist das Ziel der Entwicklung, dorthin geht sie.

Wenn dieses ›Potential von dahinter‹ geben will, dann geht dieses Geben durch das einzelne Individuum. Helfen und geben darf dann kein Prozeß der Überlegung oder des menschlichen Gefühls sein. Teilnehmen am Leid des anderen? Das schon, das enspricht der normalen gefühlsmäßigen Beziehung. Doch dann nicht auch handeln! Handeln sollten wir erst, wenn die neutrale Ausgangsbasis wieder hergestellt ist.

In Momenten, in denen wir ›in Null‹ sind, sollten wir Antworten geben. Dann wissen wir, was zu tun ist. Was wir dann geben, wird gegeben *mit* dem Potential ›von dahinter‹, *mit* einer Energie, die aus einer höheren Ebene kommt, die Teil eines Göttlichen Planes ist.

Helfen aus einem menschlichen Gefühl heraus und helfen aus neutraler Position mit der ›Kraft von dahinter‹ kann äußerlich das Gleiche sein. Aber das eine Mal kann man falsch liegen und das andere Mal richtig; denn dann ist eine andere Energie beteiligt, ein anderes Potential, und die Wirkung ist eine andere!

Im ersten Fall kann das, was wir geben, verloren sein für uns, und vielleicht auch für den Empfänger. Im anderen Fall aber, wenn wir mit diesem Impuls von dahinter handeln, wird alles, was wir geben, wiederkommen. Denn wir sind dann Werkzeug zum Durchfließenlassen der Energie. Die Energie wird wiederkommen – oder vielleicht auch nicht; das läßt sich nicht kalkulieren. Wenn nicht, dann wird dafür etwas anderes kommen. In jedem Fall ist eine solche Handlung aber richtig gewesen. Denn ›das von dahinter‹ kennt alles und gibt den richtigen Impuls. Und wenn dieser Impuls nicht vernünftig erscheint, ändert das nichts an der Tatsache, daß er richtig ist.

Die Frage ›Helfen oder nicht helfen‹ kann uns dann also nicht von außen aufgezwungen werden, weder von sozialen oder ›moralischen‹ Überlegungen, noch von juristischen oder wirtschaftlichen. Denn es geht dann nicht um unseren Willen, ... es geht um *den* Willen, um den Willen einer höheren Ebene.«

Frage – Antwort

»Es geht also um ein Zusammenarbeiten von Energiepotentialen, dem eigenen mit dem des anderen.

Diese Vereinigung von Energiepotentialen findet auf freiwilliger Basis statt, von innen heraus, und zwar auf der Basis des eigenen Potentials. Denn nur darüber können wir verfügen. Alles andere ist Spekulation.

Wir können keine Pläne machen mit etwas, was uns nicht gehört oder was uns noch nicht gehört. Deswegen: Kein Kredit – sondern *handeln mit dem, was man besitzt.* Keine Komplikation, keine Spekulation, ganz einfach sein; handeln mit dem, was vorhanden ist.

Dem Impuls von innen zu gehorchen, im Moment spontan zu handeln, heißt ebenso, mit dem umzugehen, was da ist, zum Beispiel mit den Leuten, die anwesend sind, diese so zu akzeptieren, wie sie das Schicksal hingestellt hat.

Früher machte man einen Plan und baute dann einen Rahmen. Anschließend stellte man fest, was dort hineinpaßte, und suchte das Fehlende außerhalb, etwa Personen oder finanzielle Mittel. Es wurde kalkuliert und spekuliert.

Dieser alte Mechanismus aber ist jetzt überholt. Die Neue Energie arbeitet anders: ›Dieses und jenes ist bereits vorhanden. Also arbeiten wir mit dem, was vorhanden ist, und sehen wir zu, wie sich gegebenenfalls der Rahmen ändert ...‹ Das ist Kreativität. Wir lassen das Höhere Bewußtsein durch uns *und durch die anderen* arbeiten. Das Höhere Bewußtsein kann dann kreativ sein und Ergebnisse bringen, die nicht geplant waren, die nicht logisch sind ... Dabei geht es immer aus von dem, was vorhanden ist, von dem, *was bereits in der Materie konkretisiert ist.* Das Höhere Bewußtsein spekuliert nicht.

Natürlich arbeiten die alten Mechanismen der mentalen Spekulation heute noch, und wir brauchen auch nicht gegen sie anzukämpfen. Sie fallen von selbst in sich zusammen. Wir brauchen nur weich zu sein, mitzugehen, dabei aufzupassen und die Neue Energie ›mitarbeiten zu lassen‹ ...

›Jeder bekommt, was er verdient, ...‹ und jeder bekommt auch das, was er braucht, was für eine bestimmte Aufgabe für ihn ›not-wendig‹ ist – allerdings nicht mehr! Die Energie des Höheren Bewußtseins ist kostbar. Man darf sie nicht verschwenden.

Sie wirkt optimal, wenn sie durch uns arbeiten kann, wenn wir spontan reagieren. Doch verschwenden wir sie für Wünsche oder Pläne unseres Egos, bekommen wir sie nicht ersetzt. Dann ist sie verloren. Keine Verschwendung also!

Alles ist wie Frage und Antwort. Wir haben ein Bedürfnis (nicht das des Egos) – und wir bekommen eine entsprechende Antwort. Das Höhere Bewußtsein antwortet auf unser Bedürfnis.

Aber das Höhere Bewußtsein reagiert nur auf das Bedürfnis. Das Bedürfnis selbst erst zu schaffen, entspräche nicht dem Sinn der neuen Gesetze. Das wäre vielmehr Beeinflussung und würde nicht die Freiheit des anderen respektieren.«

»Die Neue Energie des Höheren Bewußtseins
wirkt in Zyklen, sie ist eine lebendige Energie.
Und so gibt es Zeiten des ›Einatmens‹ und
Zeiten des ›Ausatmens‹.
In den Zyklen des Höheren Bewußtseins
wirkt eine Neue Gerechtigkeit.«

Die Gerechtigkeit der Zyklen

»Neue Energie oder Höheres, Göttliches Bewußtsein ist , wie wir gehört haben, eine Bezeichnung für ein bewußtes Wesen, welches, aus einer anderen Wirklichkeit kommend, auf der Erde Fuß zu fassen bereit ist, um einen Göttlichen Plan zu verwirklichen.

Dabei gilt es jedoch, viele Probleme und Widerstände zu überwinden. Sie kommen von allen Seiten, und man versteht nicht, warum. Das ist der Grund, weshalb die Realisierung eines Göttlichen Planes oft so schwierig ist.«

»Und warum?«

»Weil wir die dort gültigen Gesetze, also die für die Realisierung eines Göttlichen Willens gültigen Gesetze hier auf der Erde nicht genügend beachten – oder noch nicht genügend beachten können. Würden wir diese Gesetze beachten, *mit* den Regeln der neuen Zeit arbeiten, wären wir zum Beispiel genügend weich und anpassungsfähig, würden wir schnell erfassen und spontan genug reagieren – ein Göttlicher Plan könnte dann relativ leicht realisiert werden.

Aber wenn wir versuchen, diesen Plan mit Hilfe des alten Mentals und nach den bisherigen Vorstellungen, den Verhaltensmustern zu realisieren, treten Widerstände auf.

Nun brauchen wir uns deswegen nicht zu beunruhigen, wir können schon Vertrauen haben. Immer wieder werden die Vorfälle, die Ereignisse und Probleme auf ihren richtigen Platz gestellt, durch eine übergeordnete Gerechtigkeit einer anderen Welt. Es handelt sich hier um eine kosmische Gerechtigkeit, die mit mathematischer Präzision arbeitet, es handelt sich um eine Gerechtigkeit des Karmas, eine innere Gerechtigkeit.

Man kann es auch anders sehen und sagen, daß der Mensch die Gesetze von außen – um solche handelte es sich bei unseren ›alten‹ Gesetzen – bisher notwendig hatte. Er brauchte einen Rahmen, denn der Mensch ist blind, er weiß nicht. Und deswegen gab es immer wieder Menschen, die gesandt wurden, die Informationen brachten, die Gesetze diktierten, perfekte Weisungen erteilen. Man mußte den Menschen einen äußeren Rahmen geben und sie dazu bringen, sich innerhalb dieses Rahmens zu bewegen. So hat man ihnen einen Rahmen für ihr Mental gegeben, wurden ihnen Organisationsstrukturen vorgegeben mit Belohnungen und Strafandrohungen.

Doch heute ist das anders. Heute gibt es die Zyklen. In diesen Zyklen mit ihrem ›oben‹ und ›unten‹ wirkt eine neue Gerechtigkeit. Auch die Zyklen sind zwar eine Art Rahmen. Aber sie sind eher Gesetze, die im Inneren wirken.«

»Was haben die Zyklen mit der Gerechtigkeit zu tun?«

»Die Zyklen bringen ›automatisch‹ Gerechtigkeit, ›sofortige Gerechtigkeit‹. Das ist so zu verstehen:

Bei ›Zyklus oben‹ ist die Neue Energie aktiv tätig, sie strebt – über den Menschen, über seine Energiezentren, sein Ego – nach außen. Der Mensch handelt mit der Neuen Energie, er bekommt zusätzliche Kraft – und zwar unabhängig davon, ob er ›in Null‹ ist oder nicht –; er geht aus sich heraus und vergrößert sein Potential.

Der Mensch handelt aufgrund von Impulsen dieser Energie, von Impulsen, die rein sind, die aber, wie wir wissen, verzerrt werden durch sein Ego (über die sieben Zentren) – solange er sich nicht ›in Null‹ befindet. Und so macht er dann Fehler – oft große Fehler, da er über zusätzliche Energie verfügt; weswegen bei ›Zyklus oben‹ besondere Aufmerksamkeit anzuraten ist.

Bei ›Zyklus unten‹ zieht sich die Energie wieder zurück. Sie ist gar nicht mehr oder weniger stark wirksam. Der Mensch wird gezwungen anzuhalten. Es fehlt ihm die inzwischen gewohnte Energie. Er tritt auf der Stelle. Alles wird in Ruhestellung gebracht, *und der Mensch wird mit dem Ergebnis seiner Handlungen konfrontiert. Das ist jetzt die ›sofortige Gerechtigkeit‹!*

Wir haben es jetzt mit einer Phase der Reflektion oder einer Art von Zwischenbilanz zu tun. Der Mensch erkennt, was er falsch gemacht hat.

Dann geht es wieder los. Neue Energie kommt, der Zyklus steigt wieder: Das heißt neue Aktionen, neuer Drang zum Tätigwerden, zum ›Aus-sich-heraus-Gehen‹, mit neuen Möglichkeiten – aber auch mit der Gefahr neuer Fehler.

Und bei jedem Zyklus ist mehr Energie, mehr Kraft dahinter, mit mehr Möglichkeiten, mehr Chancen ... aber auch mit stärkeren Widerständen, neuen Bewährungsproben ... und danach folgt wieder die Ruhestellung ...

Und dieses zyklische Zur-Verfügung-Stellen der Energie ist neu! Es bewirkt – in immer kürzeren Abständen, mit immer stärkeren Impulsen – das zunehmende Durcheinander heute – aber auch die bessere Entwicklungsmöglichkeit.

Und dahinter wirkt diese Gerechtigkeit ...«

»Einerseits sind wir Akteure, andererseits sind wir Zuschauer. Und wenn wir große Akteure sind, sind wir auch große Zuschauer. Die beste Haltung ist dabei die der Neutralität: Zusehen, neutral sein, aufmerksam sein – und dann handeln, dann wenn der Moment da ist!

Aber um handeln zu können, muß man die ›Äußeren Freiheiten‹ für sich verwirklicht haben. Das ist etwas, woran jeder selbst arbeiten muß.«

8

Die Äußeren Freiheiten

»Der Körper soll die Impulse des Höheren, Göttlichen Bewußtseins in sich nicht nur spüren, soll sie vielmehr in die Tat umsetzen, in der Welt der Materie verwirklichen.

Dazu braucht er Bewegungsspielraum, braucht er die Freiheit der Außenwelt. Denn sonst sagt der Körper, wenn das Höhere Bewußtsein ›anklopft‹: Nein. Sonst setzt er Widerstand entgegen. Wenn er sich jedoch bewegen kann, wenn er hat, was er braucht, um die ›not-wendigen‹ Funktionen zu erfüllen, dann macht er mit.«

»Er braucht also Unabhängigkeit, er braucht zum Beispiel die Freiheit ... ›verreisen zu können, um nicht blockiert zu werden‹, er braucht ›die Freiheit (das heißt *die Möglichkeit*), sich von gesellschaftlichen Bindungen zu lösen‹ und so weiter, ... damit der Körper, unser Werkzeug in der Außenwelt, ›offen‹, das heißt bereit ist und keinen Widerstand leistet.

Wer also bereit ist, zusammenzuarbeiten mit dem Höheren Bewußtsein, muß auch bereit sein, diese Mindestvoraussetzung zu schaffen und seinem Körper das notwendige Minimum zu geben, um ihn zu befriedigen.

Was aber hat der Körper nötig? Er braucht Nahrung und Schlaf; er benötigt Wärme und ein Minimum an Austausch mit der Außenwelt.

Deswegen muß bei jeder Person, damit sie harmonisch und unabhängig sein kann, ein Minimum der jeweiligen Bedürfnisse befriedigt sein. Dabei hat jeder Mensch andere Bedürfnisse, weil jeder Mensch anders funktioniert.«

»Da aber fangen die Probleme an: Was hat der Mensch jeweils nötig?«

»Das ist eine Frage der persönlichen Entwicklung.«

»Je weiter man sich entwickelt, um so mehr verlieren die materiellen Gegenstände ihren Wert.«

»Es ist nicht so sehr, daß sie ihren Wert verlieren, sie ändern ihren Wert! Und darin liegt auch eine Gefahr: Menschen, die meditieren und einen bestimmten geistigen Weg beschreiten, haben irgendwann einmal geistige Erfahrungen gemacht, sie haben Einblicke in eine andere Dimension bekommen, haben ›Lichter gesehen‹ und so weiter. Und was tun sie dann? Oft geben sie alles her, was sie besitzen; sie legen auf materiellen Besitz keinen Wert mehr. Sie haben etwas anderes gesehen – und ziehen die falschen Schlüsse daraus.

Aber eines Tages werden sie wieder ›auf die Erde zurückkommen‹. Dann haben sie Probleme. Sie haben dann nichts mehr zu essen, haben keine Wohnung, können ihre einfachen materiellen Bedürfnisse nicht befriedigen ...

Wenn man jung ist und wenn es im eigenen Karma, in der eigenen Entwicklung begründet ist, warum soll man nicht eine zeitlang diese Richtung gehen? Aber dabei handelt es sich dann um eine Ausbildung, um etwas Vorübergehendes.

Doch wir leben heute, um in der Materie zu wirken. Und zu einem wirkungsvollen Arbeiten in der Materie gehört ein bestimmter materieller Rahmen – um eine Mindest-Harmonie um sich herum begründen zu können.

Diese Harmonie dient dann nicht zur Befriedigung des Egos, sondern dazu, ein harmonisches persönliches Potential um sich herum halten und vergrößern zu können – dort wo jeder Mensch seinen Platz hat, entsprechend seiner individuellen Aufgabe.

Ein persönliches Potential zu halten und zu vergrößern, heißt in diesem Fall, Bedingungen zu schaffen, die man beeinflussen kann, die notwendig sind, um der Neuen Energie zu erlauben, gegenwärtig und aktiv zu sein – einer Energie, die nur eines beabsichtigt: zu helfen.

Es geht darum – und da kann jeder seinen Teil dazu beitragen –, sich die äußeren Voraussetzungen zu schaffen, um besser empfangsbereit zu sein und dabei aufmerksam und wachsam. Es geht auch darum, zu versuchen, sich ein Mindest-Wissen anzueignen über diese Vorgänge.

All das erlaubt dieser Kraft, gegenwärtig zu sein, im Stillen und trotzdem aktiv zu wirken – dort wo wir sind, je nach dem individuellen Schicksal.

Es geht also darum, sich zur Verfügung zu halten, dabei zu versuchen, kritisch zu sein, in Harmonie zu sein – um besser empfinden, besser wahrnehmen und ›hinter die Dinge‹ sehen zu können.«

»Während unser Mental ein Problem direkt angeht, schreitet die Neue Energie mit einer ›Großen Strategie‹ voran: Sie vermeidet die direkte Konfrontation, sie weicht aus, umgeht, geht mit ... Nimmt etwas weg – dort wo es am einfachsten geht, sieht zu, wartet ab, läßt laufen ...

Das Höhere Bewußtsein sucht immer die einfachste Lösung, die Lösung, bei der mit einem Minimum an Energie ein Maximum an Wirkung erreicht wird. Man sollte also Geduld haben und dabei aufmerksam beobachten.«

Die Einfachheit

»Die Mönche sind das Symbol der Einfachheit. Wenn man Gott in sich realisieren möchte, dann braucht man das Übrige nicht mehr. Einfachheit ist in diesem Fall ein Symbol für Reinheit.

Doch diese Einfachheit ist auch Beschränkung, denn sie verpflichtet das Individuum, sich auf die Spiritualität festzulegen. Abgesehen davon verhindert diese Art Armut auch, unabhängig zu sein.«

»Der eine ist glücklich, wenn er arm ist, und der andere leidet darunter.«

»Deswegen kann man diese Angelegenheit nur individuell sehen. Für den einen ist Armut etwas, was ihm vom Schicksal bestimmt wurde, und für den anderen ist es Leid. Das hängt mit dem eigenen Schicksal und mit dem Karma zusammen.

Deswegen sollte jeder dort bleiben, wo ihn das Schicksal hingestellt hat. Man kann reich sein und trotzdem arm, das heißt, dabei ganz schlicht und einfach.

Jedes Individuum benötigt, um auf der Erde leben zu können, bestimmte Mindestvoraussetzungen. Sonst ist es paralysiert, hat es nicht die ›Öffnung‹, die es braucht. Dabei sollten die materiellen Mittel dazu verwendet werden, dem Körper die Möglichkeiten zu geben, sich wohlzufühlen, dem Individuum die Möglichkeit, sich zu öffnen. Der Umfang der notwendigen materiellen Mittel ist individuell ganz unterschiedlich und hängt mit der Aufgabe zusammen, die das Individuum durchführen muß.

Ich sprach vom persönlichen Potential. Es gibt dabei einen materiellen und einen geistigen Aspekt; die materielle Seite geht Hand in Hand mit der Zunahme des geistigen Potentials, das heißt des Potentials an Neuer Energie. Beides kann nicht voneinander getrennt werden. Hat das Individuum viele Egowünsche, darf es nicht viel Geld haben. Das ist so wie bei einem Kind. Der einzelne Mensch darf erst über Geld verfügen, sobald er ein genügend großes Potential der Neuen Energie besitzt – und dieses Potential heißt Reinheit. Allerdings, wer kann schon sagen: Ich bin rein?

Sobald ein Individuum über eine genügend große Energie verfügt und damit über eine ausreichende Reinheit, kann ihm Geld zur Verfügung gestellt werden, um dem Individuum ein gewisses Gleichgewicht zu liefern und ihm gleichzeitig zu ermöglichen, diese Kraft, dieses Potential zu schützen. Es ist wie bei einer Ernte: Man sollte sie irgendwo hinbringen und schützen.

Solange sich das Individuum dagegen noch in der Welt der Wünsche befindet, gibt es zwei Möglichkeiten:

Entweder ist es reich genug und kann sich die Erfüllung aller Wünsche leisten. Dann gibt es kein Ende; das Individuum hört nie auf zu wünschen; dem jeweiligen Menschen ergeht es wie einem Apfel, der verfault.

Die andere Möglichkeit ist, daß das Individuum, das noch Wünsche hat, über kein Geld verfügt und daß es seine Wünsche nicht befriedigen kann. Das Individuum reinigt sich, reinigt sich, reinigt sich – und es gewinnt so an Potential. Und dann irgendwann ist vielleicht die Zeit gekommen, wo genügend Reinheit vorhanden ist, damit dieser Mensch mehr materielle Dinge bekommen kann, um auch in der materiellen Welt ein gewisses Gleichgewicht zu finden.

Es gibt auf der Erde Menschen und ganze Völker, die durch diesen Zustand der Armut – diesen Zustand der Reinigung – gehen. Wenn ich so spreche, hört sich das an, als wenn ich mich lustig mache über menschliche Bemühungen und gewisse politische Bestrebungen gegen die Armut in bestimmten Regionen der Erde. Das ist aber nicht so, ich meine etwas anderes.

Der richtige Umgang mit den materiellen Mitteln ist heute eine Frage des richtigen Umgangs mit der Neuen Energie.

Die alte Energie zieht sich zurück. Eine neue Energie tritt an ihre Stelle, und die Zukunft funktioniert mit ihr. Alles, was heute mit ihr aufgebaut wird, überdauert und trägt dazu bei, die Neue Welt zu schaffen. Die Neue Energie ist unerhört kraftvoll und wirksam. Allerdings kann man sie sich nicht beliebig nehmen; sie fließt nur, wenn man mit ihr in Harmonie ist.

Und sie ist die Energie der Einfachheit und der Reinheit.

Wenn wir das wissen, können wir uns entsprechend verhalten. Und wie? Indem wir dazu beitragen, daß diese materielle Welt möglichst einfach ist. Indem wir unser äußeres Leben vereinfachen, indem wir eben mit dieser Energie, die uns zur Verfügung steht, nicht sinnlos drauflos handeln, sondern sie sparsam und kontrolliert einsetzen. Natürlich sollte man dabei nicht übertreiben. Jeder muß nach seinem Temperament handeln und er selbst bleiben.«

»Aber was heißt ›einfach‹ sein?«

»Überall einfach sein, natürlich sein, unkompliziert sein! Es ist nicht leicht, ein bestimmtes materielles Leben zu führen und dabei einfach zu sein; überall einfach, in der Kleidung, in der Sprache – vor allem im Denken, im Mental!

Und dabei sollte man aktiv sein und konkret – aber mit einer anderen inneren Einstellung! Denn das Innere ändert sich. Der Mensch äußerlich dagegen sieht genau noch so aus wie zuvor. Er hat zwei Augen, zwei Ohren, zwei Hände, zwei Füße. Aber die Augen sehen ›dahinter‹; die Ohren hören mehr, und die Hände machen nicht mehr die gleichen Bewegungen wie führer. Äußerlich aber ist man immer noch die gleiche Person.

Es muß immer wieder gesagt werden: Alle Konzepte und Techniken sind falsch. Die Antwort kommt von innen. Alles andere muß hernach doch wieder kaputt gemacht werden. Und was heißt ›das Leben vereinfachen‹? Es bedeutet: keine Techniken, vielmehr frei bleiben, fühlen und sich sagen: ›Dies hier ist nicht interessant, es bringt nichts, es ist zu kompliziert, und ich verliere nur meine Zeit – also tue ich es nicht. Dort dagegen spare ich Zeit, dort bin ich wirkungsvoll, also tue ich es‹.

Das bedeutet: vereinfachen. Je mehr man vereinfacht, um so mehr kann das Höhere Bewußtsein handeln, um so mehr kann es aktiv werden.

Es ist auch eine Frage der Vernunft, das Ego fallen zu lassen für Dinge, die zu nichts nützen. Man soll immer in den kleinsten Details die einfachste Lösung suchen!«

Der wahre Reichtum

»Manche Leute haben gesagt, man solle arm sein; manche behaupten auch, es stünde so in der Bibel. Aber was gemeint ist,

ist doch nicht die materielle Armut, sondern es ist die innere Armut des einzelnen, die Einfachheit, das Unverbildetsein, das Sein, wie die Kinder sind …

Man soll arm sein, aber im Sinne von einfach. Im allgemeinen hat das Ego die Tendenz, kompliziert zu sein, wenn es reich ist; und es hat den Trend zu vereinfachen, wenn es arm ist.

Jemand, der dagegen arm ist, der ›unten‹, der zusammengepreßt ist, unterliegt dem Trend, zu vereinfachen und zu reinigen. Aber man kann nicht ›reinigen‹ oder Ego abbauen, indem man gewollt arm ist. Es geht darum, arm im Sinne von einfach zu sein!

Denn materiell reich zu sein und trotzdem innerlich einfach, das ist viel schwieriger. Das setzt voraus, daß nicht die materiellen Möglichkeiten uns beherrschen, sondern umgekehrt wir die materiellen Mittel, und daß wir sie einsetzen. Diese materiellen Mittel dürfen eben nur nicht zur Befriedigung des Egos verwendet werden, das ist der große Unterschied!

Die Neue Energie wird zur Verfügung gestellt, damit innerhalb eines Göttlichen Planes bestimmte Aufgaben verwirklicht werden. Sind dazu materielle Mittel notwendig, dann werden auch diese ›zugeführt‹, und sie vergrößern das Potential dieses Menschen und geben ihm die Möglichkeit, wirksamer tätig zu sein. Ein derartiger Reichtum ist dann ›wahrer Reichtum‹.«

Die Verwirklichung der persönlichen Freiheit

»Die materiellen Mittel sollten dazu dienen, den persönlichen Freiheitsraum zu vergrößern. Der Fortschritt der Zivilisation hat jedoch nicht immer eine Verbesserung der Lebensumstände gebracht, und es besteht durchaus Zweifel daran, ob der uns vertraute Fortschritt dem Menschen insgesamt dient. Sein Sinn sollte darin bestehen, dem einzelnen Menschen ein mehr an Freiheit zu geben. An dieser Maxime können wir messen, wo wir heute stehen ...

Ganz wichtig ist, nicht blockiert zu sein, um sich, sowohl örtlich als auch zeitlich, frei bewegen zu können. Dies gilt für den heutigen Zyklus der Entwicklung, um dem Körper seine Weichheit der Reaktion zu erhalten. Schnelles Reagieren ist in Zukunft noch notwendiger als bisher, da die Momente der Chancen und des Handelns immer kürzer aufeinander folgen, aber auch schneller wieder vorbei sind.

Doch um diese Forderung erfüllen zu können, sind bestimmte finanzielle Mindest-Mittel erforderlich, zum Beispiel für die Nahrung, für ein Dach über dem Kopf und für Reisekosten; wenn man dazu auch nicht reich zu sein braucht.

Über diese Mittel sollte jeder aber selbst verfügen, sonst ist er wieder abhängig. Auch ist immer das Gesetz vom Energie-

Austausch zu beachten: Kein Nehmen, ohne zu geben. Man kann nicht etwas annehmen – von wem auch immer (außer als Kind von seinen Eltern) –, ohne dafür bezahlen zu müssen. Irgendwann muß alles zurückgegeben werden; das ist die unerbittliche Gerechtigkeit des Karmas!«

Der Kredit

»Um das schnelle Reagieren und Eingehen auf die momentanen Forderungen besser bewerkstelligen zu können, ist also die Bildung einer gewissen materiellen Reserve, eines materiellen Potentials, sinnvoll. Dieses soll jedoch nicht mit Hilfe eines Kredites geschaffen werden. Ein Kredit legt fest und erlaubt nicht, spontan und unbeeinflußt zu reagieren. Mit einem Kredit ist man nicht frei in seinen Handlungen.

Auch verfälscht der Kredit unser persönliches Potential. Wir verfügen mit ihm über ein künstliches Potential. Der mit Kredit geschaffene Reichtum ist kein ›wahrer‹ Reichtum. Denn das entsprechende Potential ist nicht mit der Neuen Energie aufgebaut, sondern mit der alten Energie – und damit nicht von Bestand. Der Kredit widerspricht dem Gesetz, mit dem zu handeln, was vorhanden ist.«

»Aber wir leben heute in einer Welt, die mit dem Kredit lebt und darauf aufgebaut ist.«

»Darin liegt das Problem. Und der Kredit ist einer der Kräfte, die uns in die heutige Lage gebracht haben. Mit Kredit leben wir nicht unser Leben, nicht unser Karma. Ohne Kredit dagegen ist jeder gezwungen, sein eigenes Karma zu leben, sei es gut oder schlecht. Auf alle Fälle braucht er dann nicht automatisch das kollektive Karma zu leben – was mit Sicherheit nicht gut ist!

Doch der Kredit bringt uns auch aus der ›richtigen Zeit‹. Er verhindert, daß wir ›richtig liegen‹. Wir spekulieren, wir greifen der Zeit voraus. Der Kredit ist ein Mittel, die Zukunft vorwegzunehmen. Der Kredit versetzt uns in die Lage, heute etwas zu kaufen, was wir erst in der Zukunft bezahlen können oder hoffen, bezahlen zu können. Wir planen – in der Annahme, daß das, was wir heute planen, auch in der Zukunft Bestand haben wird ...

Hier gilt, daß man nicht nur keinen Kredit nehmen soll, sondern daß man auch keinen geben soll. Wenn wir helfen wollen, dann durch Geben aus einem spontanen Impuls heraus. Doch keinen Kredit! Entweder wir fühlen, daß eine Situation ›offen‹ ist, um etwas zu geben, oder daß sie ›geschlossen‹ ist. Und so geben wir, oder wir geben nicht. Aber wir geben nicht, um zurückzubekommen. Wir geben keinen Kredit!

Das Höhere Bewußtsein gibt, gibt und gibt – oder es gibt nicht. Aber es verleiht nicht!«

»Wir sollten uns unser Mental als eine Art Riesenkrake vorstellen, mit Armen überall, mit bewußten und unbewußten. Unser Mental hat die Aufgabe, alle notwendigen materiellen Elemente und Informationen zu sammeln und so die Sicherheit unseres Körpers in dieser Welt zu gewährleisten.

Genauso verantwortlich fühlt sich unser Mental für die Menschen, die zu unserem Kreis gehören, zum Beispiel für unsere Familie, für unseren Freundeskreis und so weiter. Das Mental will alles ›haben‹ und alles ›unter Kontrolle bringen‹.«

9

Das Mental

»Es gibt Leute, die sich um das richtige Meditieren bemühen und die während der Meditation mit ihrem feinstofflichen Körper kontrolliert spazieren gehen können. Dabei müssen sie unter anderem darauf aufpassen, daß ihrem materiellen Körper nichts passiert. Wenn sie dann wieder zurück in ihren Körper kommen, bringen sie interessante Informationen mit oder haben etwas Besonderes gesehen.

Aber ist es nicht interessant zu wissen, daß all diese Bemühungen nicht mehr notwendig sind und daß wir dasselbe ganz einfach mit Hilfe der Intuition – oder wie wir diese Verbindung auch immer nennen wollen –, mit einem sehr einfachen Prozeß also, haben können? Es handelt sich dann um ganz einfache, simple Abläufe, ohne irgendwelche Anstrengungen ... Im Gegenteil. Ein gewisses Gehenlassen, Vertrauen, Entspannung ... und alles ist da! *Alles ist gegenwärtig!*

Es ist das Einfachste und dadurch das am wenigsten Wahrscheinliche. Es ist das Einfachste und damit ... unverständlich.

Das ist es, was die Menschen nicht verstehen können, daß alles da ist, hier und überall, einfach da – ganz einfach!

Es ist zu einfach, als daß wir es verstandesmäßig erfassen können. *Denn der Mensch ist von diesem Allgegenwärtigen getrennt – durch sein Mental!* Durch ein Mental, das die Fähigkeit besitzt, zu klassifizieren, zu ordnen, einzugliedern, alles in die richtigen Schubladen zu schließen.

Und nun so etwas ganz Einfaches – wo wollen wir das einordnen, ablegen ...?«

»Unser Mental ist nur dazu da, die Materie zu verstehen, und jetzt ...«

»So ist es. Wir haben das Mental, um die äußere Welt, das materielle Dasein verstehen zu können, die Materie zu erkennen, zu analysieren ...«

»Aber Achtung, unser Mental ist ein Täuscher. Eigentlich ist es besser, Vertrauen auf unsere Intuition zu haben und darauf, daß es uns gelingt, unsere Intuition immer mehr zu entwickeln, damit sie immer ergiebiger wird. Eines Tages werden wir sehen, daß die Antworten, die wir heute dem Höheren Bewußtsein zuschreiben, daß diese unsere eigenen sind. Und eines Tages werden diese Antworten ganz natürlich in uns selbst sein …«

Die Welt der Täuschung

»Aber wenn wir darüber hinaus wollen, wenn wir mehr sehen und größer sehen wollen, dann müssen wir dieses mentale Raisonnieren sein lassen, dieses Laborieren und dieses Vernünfteln unseres Verstandes. Wir müssen unseren Intellekt beiseite legen. Wir dürfen uns durch das Vordergründige der Dinge nicht aufhalten und irritieren lassen. Wir müssen durch den äußeren Schein hindurchsehen.

Wenn wir uns nicht sehr vor dem äußeren Schein der Dinge hüten, dann können uns große Fehler und Irrtümer unterlaufen. Je nach dem, was wir lesen oder wessen Lehren wir aufnehmen, immer droht die Gefahr, daß das, was wir verstehen, zu kompliziert ist, sich zu stark an äußeren Indizien orientiert. Diese äußeren Indizien scheinen zwar vorhanden zu sein – aber stimmen sie immer?

Sich zu verlassen auf das Äußere, ist ein überholter Mechanismus. Das war früher einmal möglich, sollte aber heute an Wichtigkeit verlieren. Und weil diese alte Betrachtensweise zum Verschwinden verurteilt ist, muß man sich um so mehr auf andere Informationen verlassen können.

Es sind nicht mehr die äußeren Eindrücke, auf die man bauen kann, sondern Eindrücke, die mehr von innen kommen, die sensibler, zarter sind.«

»Soll das bedeuten, daß unser Mental uns selbst in dieser Welt der Materie hier zukünftig nichts mehr nützen wird?«

»Nein, das meine ich nicht. Unser Verstand ist notwendig für diese Welt, ist dazu bestimmt, uns *diese* Welt verstehen zu lassen. Aber um andere Welten zu erfassen, reicht unser Verstand nicht aus. In dieser Beziehung ist er ein Hindernis, eine Mauer. Um weiter zu kommen, muß diese Mauer durchgängig werden, sie muß eine Tür bekommen, die sich öffnet. Was dahinter ist, ist nur zu erspüren, zu erahnen – und nicht zu diskutieren.

Der Verstand ist nützlich, darüber brauchen wir nicht mehr zu sprechen. Was der Verstand und die Logik erreichen können, ist uns allen bekannt. Doch was der Verstand zu tun, zu erkennen in der Lage ist, das ist getan. Was jetzt noch kommen kann aus dieser Richtung, ist nicht mehr viel.

Wenn wir weiter kommen wollen, müssen wir durch diese Mauer hindurch. Dann gilt es vor allem zu erkennen, was das ist, was wir unter Persönlichkeit verstehen, und auf der anderen Seite, was wir selbst tatsächlich sind.

Dann werden wir sehen, daß es – um weiterzukommen – darum geht, diese Persönlichkeit hinter uns zu lassen. Wir, unser eigentliches Ich, das ist nicht der Körper und es ist nicht der Verstand. Wir sind das, was ›dahinter‹ ist!

Und das, was ›dahinter‹ ist, können wir eben mit unserem Verstand nicht erfassen, weil das jenseits der Funktionen des Mentals liegt. Deswegen geht es auch nicht darum, etwas zu lernen und darauf etwas aufzubauen. Es geht vielmehr darum, daß wir uns nicht mehr auf unseren Verstand verlassen, daß wir verlernen. Wir müssen den ganzen Ballast abwerfen, der sich mit dem beschäftigt, was in der Außenwelt vorgeht. Dieses Wissen ist ein Hindernis, wenn wir ›dahinter‹ sehen wollen.

Natürlich ist dieses Wissen für unsere Situation hier gut und notwendig. Aber für das weitere Verstehen müssen wir auf dieses Wissen verzichten. Dieses Wissen darf uns bei unserem weiteren Fortschreiten nicht irritieren – sonst wird alles zu kompliziert.

Der ›normale‹ Mensch neigt zum Tätigsein. Er trägt in sich einen bestimmten Lebensrhythmus, einen Hang zum Tun. Ohne die Möglichkeit zum Tun wird das Sein für ihn unerträglich.

Das zeigt, daß er die Aktion nicht ist, daß er aber andererseits auch die Inaktion nicht ist. Denn warum kann er dieses Nichttun nicht ertragen? Wenn die innere Haltung zum Tun und zum Nichttun jeweils gleichstark wäre, könnte er beides. Aber so widerstrebt etwas; irgend etwas ist mit diesem Nichttun nicht einverstanden. Das heißt, es ist da etwas, was nicht richtig liegt.

Eines der schwierigsten Dinge, die man erreichen kann, ist die Inaktivität, die Immobilität. Damit ist die physische Immobilität gemeint, aber auch das Langsamerwerden des Mentals, seine Ausschaltung. Und wer die Ausschaltung des Mentals meint, meint auch die Immobilität des Körpers.

Es gibt also etwas, was ständig Aktivität braucht, das ist etwas, was mit dem physischen Körper zusammenhängt. Und mit ihm hängt wiederum das Funktionieren des Gehirnes zusammen, welches mit einer bestimmten Geschwindigkeit, in schellen Impulsen arbeitet.

Weniger zu tun, das will nun nicht heißen, daß unser Verstand langsamer laufen soll im Sinne von weniger wach sein. Das Gegenteil ist gemeint. Je langsamer unser Mental arbeitet, um so stärker kann die Intuition kommen, um so ›wacher‹ sind wir.

Dann sehen wir alles, ›denken‹ wir an alles, ›kalkulieren‹ mit allem, ›analysieren‹ alles – und das Höhere Bewußtsein dahinter fühlt.

Wenn dann das Mental ganz zum Stehen kommt und die eigenen Ideen nicht mehr weiter sprudeln, dann vergessen wir die Zeit, dann wissen wir nicht mehr, ob eine Viertelstunde oder eine Stunde vergangen ist. Aber dazwischen tritt das Höhere Bewußtsein heraus und sieht.

Und was wir in einem solchen Moment sehen, ist wahrhaft von Gewicht, denn wir sehen dann alles, alle Zusammenhänge, alles.«

»Alles ist da, gegenwärtig, hier und überall, einfach da.

Und der Mensch ist von diesem Allgegenwärtigen getrennt – durch sein Mental!«

Der Verstand

»Das Mental ist etwas Unangenehmes. Wir müssen nur erkennen, daß wir uns nicht auf den Verstand verlassen dürfen, jedenfalls nicht in zu großem Maße. Und wir müssen alles anzweifeln. Auf der anderen Seite ist der Verstand ein unentbehrliches Werkzeug, ist er selbstverständlich notwendig. Er ist nützlich, denn wir leben ja in dieser Welt, in der Realität hier. Aber der Verstand ist ein Hindernis für den nächsten Schritt.«

»Unser Verstand ist also notwendig – auf der anderen Seite ist er ein Hindernis. Was nun tun?«

»Dazu sind die Zyklen da: Mal so – mal so. In ›Zyklus oben‹ sehen wir mit den äußeren Augen, und wir handeln in der äußeren Welt. Bei ›Zyklus unten‹ sollte sich das Mental zurückziehen, sollten wir anders sehen, anders handeln ..., nicht handeln ...

Es gibt zu vieles, was uns an einer einfachen Sicht hindert; das ist das Unangenehme. Es wird uns immer wieder gesagt, um sich zu verinnerlichen, um den Anschluß an die ›andere Welt‹ zu bekommen, müßten wir bestimmte Übungen machen, müßten wir daran arbeiten, müßten wir uns bemühen, müßten wir uns konzentrieren, und so weiter, und so weiter ...

Genau das Gegenteil ist der Fall! Wir müssen loslassen können, wir müssen uns entspannen, wir müssen ... nichts tun. Nicht konzentrieren – sondern entspannen, vergessen!«

»Andererseits aber sollten wir auch verstehen, was passiert!«

»Der Verstand soll sich bemühen, zu verstehen – aber nur bis zu einem bestimmten Punkt. Wenn er dann nicht weiterkommt, muß er loslassen, der Verstand darf sich dann nicht mehr festbeißen, anklammern!

Die Entwicklung geht eben sehr rasch voran. Dennoch sind die Menschen ungeduldig, können sie nicht warten. Es ist ihnen nicht bewußt, daß diese Entwicklung sehr viel rascher vorangeht, als sie denken. Auch sie selbst verändern sich rasch. Was bleibt also übrig? Sich nicht festklammern, sondern die Entwicklung laufen lassen, mitgehen ...

Wir befinden uns in einer Phase der menschlichen Evolution, die so ganz anders ist als alles, was die Menschheit bisher erlebt hat.«

»Wie die Kurve der spirituellen Entwicklung zeigt*, hat sie Anfang des Jahrhunderts einen Tiefpunkt erreicht. Ist diese Entwicklung bis dahin nur nach unten gegangen?«

»Ja, bis ungefähr 1900, ... bis in die Zeit der industriellen Revolution. Man stellt sich immer vor, daß die industrielle Revolution den Gipfel des menschlichen Fortschritts darstellt. Aber das ist nicht der Fall.

Und jetzt, wo die Entwicklung wieder in eine andere Richtung verläuft, wo also die Kurve wieder steigt, soll man alle vergessen, was wir noch in der Schule gelernt haben. Es ist zwar vordergründig, nützlich zu wissen; aber wir dürfen uns nicht daran festhalten, uns nicht darauf fixieren!

* siehe Band II, Seite 148

Denn jedes Mal, wenn wir etwas vergessen, kann etwas anderes dafür kommen. Jedes Mal, wenn etwas fallen gelassen wird, kommt das Höhere Bewußtsein und ersetzt es. Und keine Angst: Wir werden nie dabei verlieren!

Der Mensch hat ja immer Angst, etwas zu verlieren: eine Idee, eine Vorstellung, ein Gefühl ... Aber immer, wenn man etwas verliert, kommt an die Stelle des Verlorenen etwas anderes. Und das, was an diese Stelle kommt, läßt uns weiter sehen, läßt unser Potential wachsen.

Die äußere Welt, die Bäume, der Mond und so weiter ist, wie wir sie sehen, eine Schöpfung unseres Mentals. Sie existiert, sie ist real, aber sie ist dennoch nicht so, wie wir sie uns vorstellen. Sie ist abhängig von der Funktion unseres Mentals. Sie ist nur eine von vielen Welten, sie ist eine mechanische, eine »tote« Welt.«

»Eine tote Welt?«

»Ja, eine tote, eine mechanische Welt. Sie ist nicht kreativ. Der Mensch dagegen ist weit mehr! Er kann kreativ sein, sobald er die Fesseln dieser mechanischen Welt überwunden hat.

Sein Mental sperrt ihn in einen Rahmen, und damit ist die Welt für ihn so, wie er sie derzeit sieht: eine begrenzte Welt. Und somit ist auch der Mensch begrenzt. Er hat sich selbst begrenzt, hat sich Grenzen gesetzt, wo keine Grenzen sind.

Denn der Mensch ist in Wahrheit unendlich, und seine Möglichkeiten sind unendlich. Der Mensch kann unendlich kreativ sein, sobald er seine Grenzen erkennt und sie überwindet.

Das geht allerdings nur, wenn er wieder zu einem Teil des Ganzen wird und wenn er sich bewußt macht, wie groß einerseits – und wie klein und unbedeutend andererseits er ist. *Erst wenn er diese Bescheidenheit, diese Demut wiedergewinnt und wenn ihm bewußt wird, daß er ein Nichts ist – dann kann er alles werden.*

Ziel der Entwicklung ist, daß der Mensch wieder schöpferisch tätig sein kann, daß er über die Grenzen seines jetzigen Weltsystems hinaus wächst, daß er lebendig wird ..., daß er wieder Mensch wird, ein ganzer Mensch!«

»Was kann der Mensch selbst dazu tun?«

»Er kann sich nicht herausziehen. Er ist nicht in der Lage, eine Methode zu entwickeln, mit der er sich aus diesem System herausbringen könnte. Das ginge nur, wenn er sich auch bereits außerhalb dieses Systems befände.

Das ›dahinter‹ allein hat eine ›Methode‹, nach der dem Menschen geholfen werden kann, ganz individuell. Diese Methode hat um so mehr Erfolg, je mehr wir ›in Null‹ sind, also nicht selbst mit unseren eigenen Methoden und Denkmodellen mittun wollen.«

»Die Wirkungsweise des Höheren Bewußtseins entspricht nicht unserem mentalen Bewußtsein. Unser Mental konstruiert, um die Materie zu organisieren.

Wir müssen in der Lage sein, dieses Mental auszuschalten. Nur dann ist es uns möglich, zu fühlen. Anschließend können wir dann mit Hilfe des Mentals organisieren und durchführen.«

Das Organisieren

»Schöpferisch zu sein heißt, nicht festgelegt zu sein. Alles was geplant wird, ist ein Festlegen und damit etwas Totes – nicht etwas Schöpferisches. Das Schöpferische ist das Gegenteil vom Mentalen.«

»Aber das Mental schafft doch Neues?«

»Nein, das Mental schafft nichts Neues, sondern es reagiert und konstruiert, es verbindet tote Dinge miteinander – aber es ist nicht kreativ. Warum plant das Mental in die Zukunft? Weil es Sicherheit sucht, wissen will, was im nächsten Moment und am nächsten Tag und in einem Jahr passiert. Es legt einen Rahmen fest, und dann handelt der Mensch innerhalb dieses Rahmens. Und wenn dieser Rahmen festliegt, dann fühlt sich das Mental sicher.

Das ist einer der Gründe, warum Menschen Pläne machen: Weil sie Angst vor der Zukunft haben. So ist der Mensch. Er könnte schöpferisch sein, aber er hat Angst davor; er beschränkt sich, legt sich Ketten an – und denkt dabei, er sei schöpferisch.

Wenn man verreisen will, dann kauft man sich ein Ticket, man reserviert das Hotel, man vereinbart einen Termin, man legt also den Fahrplan im voraus fest. Der Körper vollzieht also nur nach, was das Mental festgelegt hat. – Ist das schöpferisch?

Man mag nun einwenden: ›Es ist aber notwendig, wie soll man sonst eine Reise unternehmen?‹ Das ist richtig – heute. Planen und Organisieren mag heute durchaus berechtigt sein – aber man ist dabei nicht kreativ!

Kreativ sein heißt: Nicht wissen, was morgen passiert, nicht wissen, wie lang die Reise dauert, wo sie hingeht, wie man hinkommt und so weiter ... Schöpferisch zu sein, heißt in diesem Falle, die Reise spontan zu unternehmen und abzuwickeln. Eine solche Reise ist dann – genauso wie ihr Resultat – lebendig, das heißt unerwartet, neu – kreativ ...

Aber der Mensch von heute möchte so etwas nicht. Er hat Angst vor der Ungewißheit. Und das größte Hemmnis für die Entwicklung des Menschen ist sein Mental. Das Mental verhindert, daß der Mensch intuitiv und damit schöpferisch ist.

Das Problem ist, daß der Mensch immer verstehen will. Er

fragt immer: ›warum?‹. Er hat Angst, etwas zu tun, wenn er nicht weiß, warum es geschieht. Er spürt einen Impuls, handelt aber nicht danach, weil er den Impuls im Moment nicht einordnen kann, weil er nicht weiß, *warum* er etwas tun soll.

Schöpferisch tätig sein heißt, seinen inneren Impulsen *widerspruchslos* zu folgen – nicht zu fragen, warum etwas geschieht. *Schöpferisch tätig sein heißt, Mut zu haben, heißt, ein Abenteuer, das Unbekannte zu wagen.*

Etwas Neues, etwas, was von außerhalb kommt, kann nicht auf unsere Welt gebracht werden, muß es sich der Kontrolle unseres Mentals unterwerfen, das ja selbst nur ein Werkzeug unserer Welt ist. Unser Mental läßt nur herein, was von unserer Welt ist. Wie soll da etwas Neues geschaffen werden?

Natürlich ist Organisation und Planung notwendig. Wir leben ja auf der Erde. Man kann auf der Erde nichts durchführen ohne ein notwendiges Maß an Organisation. Aber die Organisation allein ist nicht das Entscheidende. Die Frage ist eher: Welchem Zweck, welchem Ziel dient die Organisation?

Eine Organisation aufzubauen, setzt immer voraus, daß ein Ziel existiert. Wenn uns aber das Ziel nicht bekannt ist – und das ist heute der Fall –, wozu dann eine Organisation? Dann ist sie nicht nur unnötig, sondern hinderlich – und sie muß wieder zerstört werden.

Die Funktion unseres Mental ist diese: Zuerst muß ein Ziel vorhanden sein. Dann sucht der Verstand den kürzesten Weg dorthin. Er plant und organisiert auf dieses Ziel hin. Deswegen stellen wir immer wieder die Frage, warum etwas geschieht, das heißt, stellen die Frage nach dem Ziel.

Die Neue Energie aber handelt ganz anders. Sie handelt zwar im Rahmen eines großen Göttlichen Planes, also in einer bestimmten Richtung, andererseits aber ohne schon im Detail fixiertes Ziel. Denn ihr Ziel ist das Ergebnis eines schöpferischen Aktes oder mehrerer.

Zunächst wird der erste Schritt getan. Er wird dabei nicht nur geplant oder gedacht, sondern auch vollendet, mit den vorhandenen Mitteln. Danach sieht ›man‹ weiter. Der nächste Schritt hängt vom vorhergehenden ab. Jeder Schritt ist neu, schöpferisch, ist Abenteuer.

Nicht organisieren, nicht planen, nur spontan handeln, das ist in jedem Fall die Lösung, die mehr Freiheit läßt, in Richtung jener Evolution, die ›dahinter‹ arbeitet. Das heißt, man läßt dieser Evolution die Möglichkeiten, man stellt seine eigenen Pläne zurück und überläßt ›das Machen‹ der evolutiven Seite ›dahinter‹.

Nun, das ist allerdings wieder ein Extrem, welches sich heute noch nicht verwirklichen läßt. Wir sind auf der Erde und brauchen eine bestimmte Organisation. Was also tun?

Hinnahme einer Mindestorganisation! Immer nur das Minumum, und sich die Flexibilität bewahren, jederzeit so handeln zu können, wie es jeweils notwendig ist, von Tag zu Tag.

Das ist etwas, was man vielleicht eher mit Überleben als mit Leben bezeichnen kann. Dieses Sich-von-Tag-zu-Tag-Vortasten ist ein beständiges Training im Sinne der Evolution, und diese eingeschränkte Organisation ist beständig, solide – und sie ist letztendlich die einzige, die Bestand haben wird!«

Die Mechanik des Mentals

»Was bedeutet es, intuitiv zu sein? Es bedeutet unter anderem, verfügbar zu sein, bereit zu sein; es heißt, sich anzupassen und auch die Hindernisse, die sich der Realisierung der Intuition in den Weg stellen, wegzuräumen.

Aber Hindernisse wegzuräumen bedeutet nicht, daß Hindernisse außen wegzuräumen sind. Es geht vielmehr um Hindernisse, die man in sich selbst hat. Wir müssen herausfinden, warum wir etwas nicht tun können – und dabei werden wir finden, daß wir oft mehr durch Barrieren behindert werden, die überhaupt keine Daseinsberechtigung in der Außenwelt haben. *Oft sind dies gar Hindernisse, die wir uns nur einbilden.* Es sind dann also unsere eigenen Schatten, über die wir springen müssen!

Warum tun wir etwas nicht? ›Ich möchte das nicht tun, weil ich Angst habe, weil ich mich nicht traue. Sehen Sie doch, ich kann es nicht tun, weil ich die dazu erforderliche Kraft nicht besitze. Und das kann ich nicht tun, weil ich nicht weiß, wie es geht‹.

Das Äußere ist ein Reflex des Inneren. Wenn ich sage: ›Bereit sein, flexibel sein‹, dann meine ich, daß Hindernisse in uns selbst wegzuräumen sind. Dieser Hindernisse muß man sich allerdings bewußt werden; man muß sie entdecken, und dann muß man sie wegräumen.

Natürlich gibt es Hindernisse in Bezug auf unsere äußere Welt, zum Beispiel dann, wenn die ›Äußeren Freiheiten‹ noch nicht verwirklicht sind. Bevor wir optimal arbeiten können, müssen wir es schaffen, diese Hindernisse auf ein Minimum zu reduzieren. Die wirklichen Probleme aber sind die Hindernisse, die nur von uns selbst abhängen.

Unser Mental ist nicht kreativ. Die Struktur unseres Mentals ist so, daß es kopiert. Es wiederholt das, was andere tun. Die Funktion des Mentals ist es, das Individum durch das Leben zu steuern, unter Berücksichtigung der Informationen, die es von seiner Umwelt bezieht. Konsequenz davon ist im allgemeinen, daß wir uns einordnen. Das ist das, was wir mit Lernen bezeichnen.

Unser ganzes Leben spielt sich deshalb in geschlossenen Kreisen ab, entsprechend der Umgebung, in welcher wir zur Welt gekommen sind, und entsprechend unserer Ausbildung. Unser Leben hängt von den Informationen ab, die wir im Leben bekommen haben. Eine Weiterentwicklung findet erst statt, wenn das Individuum in der Lage ist, sich aus diesem Kreis zu befreien.

Dazu muß sich das Indiviuum zuerst dessen bewußt sein, daß es zwar mit den anderen zusammenhängt, aber doch etwas Unabhängiges ist, und daß es seinen eigenen Weg gehen muß. Dann muß es sich unabhängig machen von den Meinungen und Handlungen der anderen und fortan nur noch den eigenen Impulsen folgen.

Das Ideal wäre es, wenn ein Mensch einzig und allein von eigenen Impulsen, aus sich heraus motiviert werden würde und nicht durch mentale Konstruktionen, Pläne, Vorstellungen; denn diese sind restriktiv und egozentrisch.

Das Mental sollte weich sein, wie Wasser laufen, sich nicht festhalten, nicht starr sein. Das Wichtigste ist, daß man vermeiden sollte, es starr werden zu lassen. Es sollte immer nachgeben, immer überall hinlaufen können, wie eine Wasserlache auf einer Tischplatte ...

Denn aus Angst und Unbeweglichkeit hat das Mental immer wieder das Bestreben, sich festzuhalten. Man ist dann fixiert auf ein Objekt, und das Mental hält sich an diesem Objekt fest. Das betreffende Objekt kann eine ›Weltanschauung‹ sein, ein Ehrenkodex, eine gelernte Moralregel oder etwas ähnliches.

Entzieht man dem Mental dieses Objekt der Fixierung, dann stößt es ins Leere. Das Mental hat nichts mehr, um sich daran festzuhalten, es verliert den Halt und bekommt Angst. Und was ist die Konsequenz? Unsicherheit, Depression und sogar Selbstmord!«

»Deswegen sollen wir vermeiden, uns ein neues mentales Gebäude, ein neues Denk- oder Weltmodell aufzubauen, sobald wir glauben, etwas verstanden zu haben. Denn es geht ja immer weiter, und ein paar Monate später haben wir vielleicht schon wieder eine neue Konzeption ...

Entwicklung bedeutet immer wieder Neu-Orientierung, bedeutet Veränderung der Bewußtseinszustände. Der Entwicklung voraus gehen Desorientierung und Angst. Denn Entwicklung ist mit veränderten äußeren und inneren Normen verbunden.

Man sagt, der Mensch will frei sein, aber das stimmt nicht. Der Mensch braucht einen Rahmen, notfalls baut sein Mental diesen selbst. Ohne Rahmen hat der Mensch Angst.«

»Auch das Richtig-Machen-Wollen geschieht doch nur aus einer Angst heraus?«

»Aus Angst! Das liegt am Ego: ›Ich möchte etwas haben, ich möchte Recht haben, ich möchte etwas richtig tun, ich möchte, ich möchte ...‹.

Warum Angst vor Fehlern? Wenn wir diesen absoluten Punkt des Höheren Bewußtseins als Bezugspunkt nehmen – und das müssen wir heute tun –, dann liegt er so weit weg von unserer Welt der Materie, daß wir nie richtig liegen in Bezug auf ihn. Wir können also nie wirklich richtig handeln.

Wir können nur versuchen, das zu tun, was wir fühlen, und brauchen dabei nicht zu versuchen zu verstehen. Dann haben wir auch keine Angst, Fehler zu machen.

Wie wollen wir in Bezug auf diesen so weit entfernten Punkt versuchen, keinen Fehler zu machen? Wir können bestenfalls immer nur ganz wenige Momente richtig liegen. Nur langsam, langsam können wir uns diesen Maßstäben annähern; ganz langsam bewegen wir uns so auf dieser Linie ›nach oben‹.

Zudem, ist es überhaupt sinnvoll, immer richtig zu liegen? Wenn man immer richtig liegt, macht man keine Erfahrungen. Diese müssen aber gemacht werden. Das heißt, man wird auch deshalb immer wieder in falsche Richtungen gestoßen, um am eigenen Körper zu erfahren, was falsch war. Sonst hat man vielleicht theoretisch begriffen, aber der Körper hätte diese Erfahrung nicht gemacht.

Also einfach mitgehen, sich nicht zu viel Gedanken machen, einfach mitgehen! Allerdings muß man dazu neutral sein; und man muß frei sein, das heißt frei von Ängsten, frei von eigenen Vorstellungen und mentalen Beschränkungen – und frei von derartigen Einflüssen anderer.

Man muß sich durchaus wehren beziehungsweise sich bewußt abzuschirmen versuchen gegen die ständigen Beeinflussungen durch andere. Im allgemeinen werden wir ja pausenlos attackiert mit Beeinflussungs-Versuchen! Wir müssen daran arbeiten, uns davon frei zu halten.«

»Auch frei von eigenen Wünschen?«

»Auf jeden Fall zentriert auf seine eigenen Wünsche. Nicht die Wünsche der anderen übernehmen wollen. Ganz ohne Wünsche zu leben, ist kaum möglich; aber man kann erreichen oder es wenigstens versuchen, nur *eigene* Wünsche zu haben und nicht Wünsche der anderen zu übernehmen, insbesondere nicht kollektive Wünsche«.

»Auch keine Angst vor Wünschen des eigenen Egos?«

»Wie wollen wir wissen, ob wir einem inneren Impuls oder einem Ego-Wollen nachgeben? Also keine Angst haben, sondern den Impuls spüren und ihn ausführen! Ein Problem entsteht erst, wenn wir diesen Wunsch mental analysieren. Das Mental ist die Gefahr!

Wenn wir einen Impuls spüren, sollten wir *nicht* darüber nachdenken, ob er nun aus der Intuition oder vom Ego kommt. Sonst verfälschen wir diesen Impuls, und wir verpassen den Moment. Also: Wir spüren einen Impuls – und wir handeln!

Schließlich, einen Wunsch des Egos zu unterdrücken? Er kommt um so stärker wieder! Wir können uns nicht selbst von unserem Ego befreien. Wir können nur bereit sein – uns selbst beobachten und nach innen horchen. Und keine Angst, sondern Vertrauen haben!

Denn vergessen wir nie, daß dieses Wesen in uns mit uns und durch uns schöpferisch tätig sein will! Das, was in uns zur Realisierung drängt, soll herauskommen. Darum sollten wir aktiv sein. Wir sollten etwas tun, sollten realisieren. Wir sollten schöpferisch – wir dürfen schöpferisch tätig sein! Das aber immer nach den Gesetzen des Höheren Bewußtseins: Den *eigenen* inneren Impulsen gehorchen, neutral und unbeeinflußt von anderen.«

»Das Beste ist daher, sich äußerlich und innerlich so zu verhalten, daß man aufnahmebereit ist für das Höhere Bewußtsein. Das Beste ist ein Zustand der ›intuitiven Neutralität‹.«

10

Die Intuitive Haltung – »in Null« sein

Der Zweifel

»Und je sensibler wir werden, um so stärker wächst die Unsicherheit und der Zweifel; unser Verstand verliert das Vertrauen. Und er verliert das Vertrauen immer mehr, je weniger er sich auf das verlassen kann, was er kalkuliert. Er verliert das Vertrauen in sich selbst, und er bekommt Angst. Der Zweifel, die Unsicherheit wächst.

Denn wir leben auf der Erde, und dabei dringt eine andere Welt auf diese unsere Erde vor, mit einer anderen Sensibilität, mit anderen Wertmaßstäben. Einerseits gelten noch die gewohnten Maßstäbe unseres Tagesbewußtseins, anderseits machen sich in uns zunehmend die neuen Gesetzmäßigkeiten des Höheren Bewußtseins bemerkbar.

Das ist das Paradoxon: Wir sind sowohl noch hier als auch schon dort. Es ist dies das Problem des Überganges. Wir müssen mal so, mal so handeln; und deswegen ist es wichtig, einen Bezugspunkt zu haben. Der Bezugspunkt ist die innere Stimme; der Bezugspunkt, das sind die Gesetze des Höheren Bewußtseins, das sind die Gesetze von morgen.

So sagen wir an einem Tag ›ja‹, am nächsten ›nein‹. Weil wir an einem Tag ›ja‹ fühlen und am nächsten ›nein‹; und zwar in Bezug zum gleichen Vorgang. Dies ist tatsächlich eine paradoxe Situation. Wir leben in beiden Welten. Mit den Menschen, mit den Umständen leben wir in dieser Welt, handeln wir in dieser Welt, und wir unterliegen den Gesetzen dieser Welt. Hier sagen wir ›ja‹. Aber in Bezug auf die andere Welt sagen wir ›nein‹.

Sowohl das Ja, als auch das Nein ist richtig. Und mitten zwischen diesen Polen passiert dann etwas.

Je weiter wir uns entwickeln, je aufnahmefähiger wir für die Wirkungsweisen der ›Welt von dahinter‹ werden, um so mehr Zweifel plagen uns. Immer öfter fragen wir: ›Was mache ich ... was ist das hier ... was muß ich tun ... soll ich bleiben oder gehen ... soll ich weitermachen oder aufhören?‹

Wir sind gewohnt, uns diese Fragen alle Jahre zu stellen. Aber heutzutage kommen derartige Fragen häufiger, täglich. Und das ist das Problem; diese Unsicherheit ist bedrückend.

Wir verlieren den Boden unter den Füßen, wir verlieren unsere Sicherheit, wir verlieren unsere Stabilität, weil wir uns auf unser altes Wissen nicht mehr verlassen können.

Deswegen müssen wir aufpassen und dürfen uns nicht zu lange festlegen. Wir müssen vorsichtig vorangehen – und dennoch ohne Angst. Keine mentale Vorsicht walten lassen, sondern die Vorsicht der Sensibilität. Diese Vorsicht kommt aus der Entspannung.

Und dann geschieht folgendes: Wir sehen zu ..., wir lassen es laufen ..., weil wir nicht wissen.

Einerseits sind wir also Akteure, andererseits sind wir Zuschauer. Und wenn wir große Akteure sind, sind wir auch große Zuschauer. Die beste Haltung ist dabei die der Neutralität: zusehen, neutral sein, aufmerksam sein – und handeln, wenn der Moment gekommen ist!

Unsicherheit, Zweifel, Nicht-Wissen sind eine gute Basis für eine neutrale Haltung. Denn das bedeutet, nicht festgelegt zu sein. Einfach das zu tun, was man spürt, das ist alles, das bedeutet, seiner Intuition zu folgen. Es geht darum, einem Impuls zu folgen. In diesem Moment ist eine Öffnung da, etwas kann durchkommen.

Unser Intellekt ist begrenzt in seiner Reichweite, und außerdem ist er dem Irrtum ausgesetzt.

Im allgemeinen haben wir Angst, wenn wir nicht wissen, wie wir uns entscheiden sollen. Dabei stehen wir dann in Wirklichkeit vor der idealen Ausgangs-Basis für eine Entscheidung. Wir stehen dann ›in Null‹. Das bedeutet, daß so lange uns nicht klar ist, welche von zwei Alternativen wir wählen sollen, beide für uns *gleichwertig* sind. Eine solche Patt-Situation beunruhigt zwar das Mental, aber sie ist die ideale Voraussetzung für den Empfang der Intuition.

Die Schwierigkeit dabei ist nur, nicht erst nachzudenken. Damit das Höhere Bewußtsein etwas auslösen kann, sollte die Neutralität da sein: ›Tun – nicht tun? Soll ich ja – soll ich nein sagen? Will ich – will ich nicht? ...‹. Aus dieser unsicheren Haltung heraus – plötzlich – tun wir es.«

»Wenn wir geschehen lassen, durchfließen lassen, baut sich ein Potential anderer Engergie in uns auf. In dem Maße, wie wir bereit sind, unser ›eigenes‹, bisheriges Potential kleiner werden zu lassen, um so mehr wächst das Potential der Neuen Energie. Diese Energie handelt dann – oder sie handelt nicht. Sie antwortet auf unsere Fragen. Wir brauchen nur da zu sein, entspannt und bereit.«

Die Neutrale Haltung

»Normal zu sein heißt, zu versuchen glücklich zu sein, ein normales Leben zu leben ... nichts zu ändern. Dabei aber jeden Moment wissen, daß etwas in uns ist und daß dieses Etwas jederzeit bereit ist, uns eine Offenbarung zu machen. Dieses Etwas will uns zeigen, was zu tun ist. Dieses Etwas ist Arbeit, aber gleichzeitig auch Unterweisung, Entwicklung, Ego-Abbau.

Manchmal haben wir Angst, denn diese Kraft stößt uns von einer Ecke in die andere ... aber anschließend ist unser Ego wieder ein wenig schwächer geworden.

Man kann die verschiedenen Zustände des Höheren Bewußtseins in sich selbst erfühlen. Manchmal sind wir mild und weich. Ein anderes Mal richtet diese Kraft uns auf und wir fühlen uns kraftvoll und bereit, alles zu unternehmen.

Dieses Höhere Bewußtsein schiebt, es ändert ..., es besitzt alle Macht, die geringste und die höchste. Es kann uns in jeden Zustand versetzen, wenn es möchte. Es kann uns vorwärtsstoßen und es kann uns zurückhalten. Es zieht uns oder es bremst uns, es preßt uns oder es befreit uns ..., und wir müssen folgen.

Doch auch wenn wir folgen, verstehen wir nicht. Wir können es nicht verstehen. Und trotzdem gehen wir mit. Wir tun etwas, wir handeln oder wir handeln nicht – wir gehen einfach mit. Und dabei stellen wir dann fest, daß da ein roter Faden ist ...

Wir werden dann bemerken, daß das, was wir lange nicht verstanden haben, plötzlich so einfach, so logisch ist und daß es anderes gar nicht hätte sein können.

Jemand, der mitgeht und sich selbst beobachtet, wird sich verwundert sagen: ›Vor einem Jahr habe ich so etwas getan? Das ist doch nicht möglich. Ich habe niemals begriffen, die ganze Zeit lang ...‹. Und eines Tages wird das die ständige Haltung sein, die uns immer begleitet; wir handeln dann immer so, täglich, ohne zu wissen, wozu etwas dient. Wir sprechen dann oder tun etwas – und wissen nicht, wozu es gut ist. Aber wir tun es!

Rein verstandesmäßig gesehen, ist es vielleicht dumm, was wir tun, für jemanden, der nicht weiß, was passiert. Aber wenn wir es tun, wenn wir innerlich spüren und es einfach tun – ohne darüber nachzudenken –, dann werden wir hinterher feststellen, wie einfach es gewesen ist.

Wenn wir uns fragen: ›Was soll ich tun?‹, dann ist automatisch das Höhere Bewußtsein aktiv. Wenn wir jetzt aufmerksam sind, werden wir eine Antwort bekommen, werden wir plötzlich *wissen*, was zu tun ist. Die Arbeitsweise des Höheren Bewußtseins ist so einfach ...

Diese Kraft ist da. Und allein die Tatsache, daß sie da ist, löst Handlungen aus. Aber es sind Handlungen, die von innen heraus kommen, aus unserem eigenen Inneren, und die mit ihm harmonisch sind.

Dabei sollten wir vollständig neutral, entspannt sein – es laufen lassen, gelassen zuschauen – und trotzdem, sobald etwas da ist, bereit sein.

Verantwortlich zu sein, heißt aufmerksam sein. Aufmerksam, weil zu jeder Minute etwas passieren kann. Denn ständig kommen Anworten und Impulse des Höheren Bewußtseins aus unserem Inneren. Das Höhere Bewußtsein sieht etwas, weil etwas auf uns zukommt, und es will uns sagen: ›Schneller laufen, schnell zugreifen‹, oder es will sagen: ›Nein, dableiben!‹.

Es ist etwas, das vierundzwanzig Stunden täglich aktiv ist. Wir brauchen anfangs nur die Tür aufzumachen, nachzusehen und die Tür wieder zuschließen – die Tür öffnen, nachsehen, schließen. Und dann, späte öffnen wir die Tür ganz – und lassen sie offen – und wir sehen die ganze Zeit …

Die Tür ist die Bereitschaft, die Sensibilität für unsere Intuition. Das Höhere Bewußtsein ist vierundzwanzig Stunden täglich anwesend. Wir können nicht mehr sagen: ›Ah, es ist gerade nicht da‹. Nein, wir sind es, die nicht ›da‹ sind; wir sind es, die nicht bereit sind; wir sind es, die gerade nicht sensibel genug sind.

Wir sind dann, statt ›in Null‹ zu sein, ›aus Null‹, aus dem neutralen Zustand ausgetreten. Wie soll dann die Intuition kommen?!

Es ist wie beim Telefon. Stellen wir uns vor, dreißig Leute wollen gleichzeitig mit dem gleichen Telefon telefonieren. Das kann nicht funktionieren. Entweder ist das Telefon besetzt, oder, wenn alle zugleich sprechen, kann man nichts verstehen.

Genauso ist es mit der Intuition. Die dreißig Leute sind in uns selbst, es sind die Gefühle, die Wünsche, das Mental, die alle mitsprechen wollen. Es sind die Einflüsse entsprechend den sieben Energiezentren. Erst wenn diese sieben Ebenen ausgeglichen, ›in Null‹ sind, können wir direkt telefonieren.

Wir können keine Intuition empfangen, wenn wir nicht ›in Null‹ sind. Nehmen wir an, dieser Platz hier, dieser Stuhl, auf dem ich sitze, sei die Position ›Null‹. Ich sehe von hieraus die Tür, die in den anderen Raum führt. Und dort, hinter der

Tür, sei die Intuition. Wenn ich die Intuition sehen will, brauche ich nur die Tür aufzumachen, dabei muß ich sitzenbleiben. Wenn ich aufstehe und mich entferne, wenn ich einem Wunsch nachgehe, dann kann ich nicht mehr in den anderen Raum hineinsehen.

Deswegen müssen wir ›in Null‹ bleiben, brauchen wir einen neutralen, harmonischen Rahmen, die Zentrierung auf uns selbst; keine Vorstellungen und Wünsche – auch keine fremden Wünsche oder Beeinflussung durch andere; von diesen müssen wir uns freimachen. Dann müssen wir es laufen lassen – und dabei aufmerksam zusehen.

Es ist für unser Mental so schwer, sich vorzustellen, daß es nicht planen soll. Es gibt dann ja nicht mehr dieses eigene Wollen. Kein Wollen – keinen Plan!
Es ist dann nichts mehr da, das sagt ›ich will‹, sondern es kommt dann eben, so oder so. Es kommt von da, oder es kommt von dort. Es läuft … es verbindet sich … es geht in einer Richtung … dann wieder in eine andere … Und dann, plötzlich, bleibt es stehen, und wir sagen beunruhigt: ›Das ist ja eine Katastophe‹!
Aber warum denn? Es bleibt zwar stehen, nichts passiert; einen Monat, zwei Monate, drei Monate lang …; aber dann geht es wieder weiter. Und warum das? Weil irgend etwas da draußen wieder weitergeht. Vielleicht mußte ›man‹ warten, bis eine Person in zehn Kilometer Entfernung oder einige Personen dort etwas tun oder – daß diese Leute nichts mehr tun!

Warum also nicht Vertrauen haben in die Intuition?«

Die Kontemplation

»Neutral zu sein, ›in Null‹ zu sein, heißt aber nicht zu träumen. Es geht da eher um das Gegenteil, man muß hellwach sein. Auch die medititave Gelassenheit ist nicht gemeint, es ist vielmehr die Kontemplation.«

»Was verstehen Sie unter Kontemplation,
was ist der Unterschied zur Meditation?«

Man kann vielleicht sagen, daß Meditation ein Zurückziehen nach *innen* ist. ›Man verläßt‹ den Körper und ›bewegt sich‹ hin zu anderen Ebenen. Unser Inneres zieht sich aus der Außenwelt zurück, ist nicht mehr in der Außenwelt ›anwesend‹, nicht wach. Die Meditation ist ein Beginn. Sie bringt uns aber heute nicht weiter. Sie ist ein Anfang.

Unter Kontemplation verstehe ich etwas anderes: Bequemes, entspanntes Sitzen, zum Beispiel in einem Sessel, einen ›ruhigen Kopf‹ mit ausgeglichenem Geist. Der Körper ist immobil, zufriedengestellt, ›spricht nicht mehr mit‹, und auch der Geist ist ruhig gestellt. *Mit offenen, wachen Augen* sehen, ohne zu sehen – ›dahinter sehen‹; betrachten, *ohne zu denken.* Zum Beispiel einen Berg ansehen – und dabei nichts anderes als sehen – und dabei aufmerksam, hellwach, bereit sein, ›da sein‹.

Dann kann die Intuition kommen, dann kann die Energie *heraus*kommen.

Doch auch das ist erst ein Schritt. Diesen Zustand sollte man nicht nur beim unbeweglichen Körper finden, sondern auch in der Bewegung, beim Laufen, beim Autofahren, während der Arbeit – während des Sprechens.

Die kontemplative Haltung sollte gesucht werden im Stillen und gefunden werden in der Aktivität! Sie sollte im Ruhezustand gesucht und dann beim Tun in die Praxis umgesetzt werden – von innen nach außen.«

Das »Dahinter-Sehen«

»Die Aktivität des Höheren Bewußtseins ist heute schon so intensiv, daß wir uns immer wieder seine Wirkungen und seine Gesetze vor Augen halten und uns darauf einstellen sollten. Letztendlich sind es ganz einfache Maßnahmen, zu einfache, um von unserem auf komplizierte Begriffe und Regeln hin trainiertes Mental ohne weiteres akzeptiert zu werden.

Sie sind eben das Gegenteil von dem, was wir gelernt haben und was heute üblicherweise praktiziert wird.

Es geht um ein ›Dahinter-Sehen‹, um die Möglichkeit, die reale Welt um uns zwar wahrzunehmen, zu registrieren – aber sich nicht täuschen zu lassen. Die reale Welt ist nur *ein* Aspekt unseres Daseins. Dahinter werden die Fäden gezogen. Das sollten wir versuchen zu erkennen:

Mehr sehen, größer sehen, ... sensitiver werden! Versuchen, weniger mental, weniger verstandesmäßig zu handeln, weniger ... zu organisieren! Versuchen, Handlungen aufgrund innerer Impulse, aufgrund von Intuitionen durchzuführen, aufgrund wahrer Intuitionen!

Aber was heißt das, wahre Intuitionen? Offensichtlich wird man nie Intuitionen haben, die zu hundert Prozent richtig sind; außer, wenn man sehr weit entwickelt ist. Und dann – was ist man dann? Dann *ist* man Intuition.

Also intuitiv werden! Das heißt, im Verhältnis zum Höheren Bewußtsein die richtige Position zu beziehen – und das ist die Position des Wunschlos-Seins ... Es ist eine ausgewogene, gelassene Haltung mit ausgeglichenem Mental, ausgeglichenem Körper, einem harmonischen Äußeren. Es ist Gelassenheit und auch ...Flexibilität.

Ich meine damit, in jedem Moment auf einen Wechsel vorbereitet zu sein. Immer bereit zu sein. Immer bereit zu sein, sich anzupassen. Ich meine damit, *jederzeit in jeder Richtung handeln zu können.*«

Auf die Äußeren Zeichen achten

»›Dahinter sehen‹ heißt, die äußere Welt mit wachen Augen zu betrachen, doch dabei zu wissen, daß ›dahinter‹ Kräfte wirken, Energien an der Arbeit sind, die sich hier auf dieser Daseinsebene kondensieren, materialisieren wollen. Diese Kräfte sind aktiv, greifen ein, greifen sehr real ein!«

»Das heißt, wir werden beeinflußt?«

»Sagen wie lieber: es wird uns geholfen. Diese Hilfe kann um so wirkungsvoller sein, je weniger wir ›dagegen arbeiten‹. Das Terrain wird geebnet. Wir brauchen nur darauf zu achten, wo der Weg frei ist und wo er blockiert ist, und wir spüren, wann etwas blockiert ist.

Und ›alles zu seiner Zeit‹. Wenn etwas nicht so recht weitergeht, sind die Vorbereitungen vielleicht noch nicht abgeschlossen. Das ist gemeint, wenn ich sage: Aufmerksam sein, dahinter sehen, auf die äußeren Zeichen achten!

Und was wir sehen, muß nicht immer verständlich sein, muß nicht immer unserer Logik entsprechen. Das Höhere Bewußtsein handelt in kleinen unabhängigen Schritten, die keinen mentalen Sinn ergeben müssen. Doch eines Tages setzen sich zwei, drei, vier oder mehrere Punkte zusammen – und plötzlich ist eine Linie zu erkennen!

Spüren wir einen Impuls – dann sollten wir handeln und nicht überlegen! Denn in dem Moment, wo wir anfangen zu überlegen – ›Ich muß aber an dies denken, ... ich muß zuerst jenes erledigen, ...zuerst einmal muß ich das und das in Ordnung bringen, ... aber ich mag nicht ...‹ –, kann die Gelegenheit vorbei sein.

Wenn wir diesen Impuls spüren, dann muß er sofort verwirklicht werden, denn *ein Impuls gilt nur für diesen Moment.* Wir haben eine Frage gestellt, und es kommt eine Anwort – in diesem Moment.

Ansonsten würden wir aus diesem Impuls des Höheren Bewußtseins etwas Mentales machen. Dabei ist das, was vom Höheren Bewußtsein kommt, nicht mental, und es kann auch nicht einer mentalen Untersuchung unterzogen werden, sonst würden wir es zu einer Handlung des Mentals machen. Wenn so etwas Reines von innen kommt und wir dann mentale Überlegungen hinzufügen, dann handelt es sich nicht mehr um diesen reinen Impuls ...

Darum Vereinfachung, weil wir zu kompliziert funktionieren und deshalb keine reinen Mitteilungen empfangen können. Wenn wir ganz einfach und dabei ganz entspannt sind, *wenn wir selbst nicht wollen,* befinden wir uns in der Situation, in der wir die innere neutrale Einstellung haben, aus der heraus wir die Möglichkeit besitzen, zu handeln – oder auch nicht zu handeln. Und wenn dann ein Impuls kommt, folgen wir ihm.«

»Das ist der Idealfall.«

»Natürlich ist das der Idealfall. Aber ich muß es anhand eines Idealbeispieles erklären. In dem Moment, wo sich das Mental einschaltet, wird daraus ein mentaler Prozeß – und automatisch wird alles blockiert. Denn das Mental will immer eine Technik anwenden, die es gelernt hat.

Worauf es dagegen ankommt, ist nicht eine Technik, sondern ein Zustand, der neutrale Zustand. Das ist der Zustand, wenn wir ›in Null‹ sind – dann gibt es keine Technik.

Und man sollte dabei nicht einmal den Wunsch haben, etwas ›richtig› zu machen. Das würde ein Hindernis bedeuten. Denn sofort würde dann unser Verstand eingeschaltet, um zu beurteilen, was wohl richtig und was nicht richtig ist. Wir glauben, etwas verstanden zu haben, wir nehmen es und machen sofort eine Technik daraus. Der Erfolg ist, daß das Herauskommen dieser Kraft aus unserem Inneren blockiert ist.

Solange dieses ›darf ich?‹ oder ›soll ich?‹, überhaupt das ›ich‹, dabei eine Rolle spielt, solange kann das Höhere Bewußtsein nicht herauskommen, solange sind wir nicht ›in Null‹.

Achten wir auf die äußeren Zeichen, schauen wir ›dahinter‹; achten wir darauf, was leicht geht – und wir werden einen Weg finden:

Einfach den ›Ball spielen‹ und beobachten, wohin er rollt. Man stößt ihn an und sieht zu. Er läuft nach links oder nach rechts oder er bleibt stehen. Dann wartet man etwas ab, schaut zu ... gibt einen neuen Impuls, eventuell in eine etwas andere Richtung ...

Dieses gelassene Zuschauen ist nicht immer einfach. Man sollte sich auch nicht zu stark engagieren. Sonst riskiert man, zuviel eigene Wunschvorstellungen mit ins Spiel zu bringen. Und es fällt dann schwerer, ›in Null‹ zu bleiben.

Wenn etwas im Sinne der Neuen Energie geht, wenn es in Harmonie mit ihr geschieht, wird es relativ leicht, weich und harmonisch durchführbar sein. Sonst aber kann es große Widerstände geben – und ob wir dann stark genug sind?! Das geistige Gesetz sagt: ›Laufenlassen, dorthin laufenlassen, wo es einfach geht‹.

Nachdem der ›Ball gespielt‹ wurde und man dann aufmerksam, aber gelassen aus ›Null heraus‹ zuschaut, sollte man nicht nur in eine Richtung sehen. Während unser Mental auf kürzestem Weg seinem Ziel zustrebt, während wir nur die Hindernisse vor uns sehen (siehe Abbildung 4), wird im Hintergrund gearbeitet, werden vielleicht Hindernisse aus einer nicht erwarteten Richtung weggeräumt, während und wir übersehen, daß sich in dieser anderen Richtung ›von selbst‹ eine Öffnung auftut.

Nur wenn wir ständig wach sind und nach allen Seiten schauen, verpassen wir den Moment der ›Öffnung‹ nicht, wenn plötzlich eine Möglichkeit für uns gegeben ist.

Während unser Mental ein Problem direkt angeht, schreitet die Neue Energie mit einer ›großen Strategie‹ voran. Sie vermeidet die direkte Konfrontation, sie weicht aus, umgeht, geht mit ... Sie nimmt etwas weg – dort wo es am einfachsten geht, sieht zu, wartet ab, läßt laufen ...

Das Höhere Bewußtsein sucht immer die einfachste Lösung, die Lösung, bei der mit einem Minimum an Energie ein Maximum an Wirkung erreicht wird.

Man sollte also Geduld haben und dabei aufmerksam beobachten.«

»Nicht immer aber können wir Entscheidungen so fällen.«

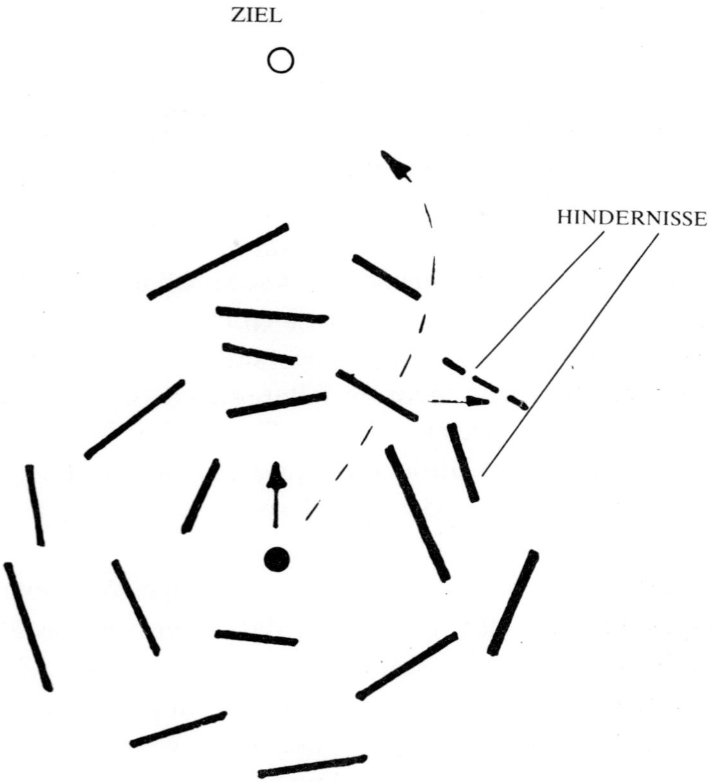

ABBILDUNG 4: *… Während unser Mental auf kürzestem Weg seinem Ziel zustrebt, übersehen wir leicht, daß sich in anderer Richtung ›von selbst‹ eine Öffnung auftut …*

»Natürlich können wir nicht alle Probleme lösen, ohne unseren Verstand zu benutzen. Unser Mental ist dazu da, die Materie zu organisieren. Dazu sollte er eingesetzt werden. Doch wir müssen auch in der Lage sein, dieses Mental beiseite zu lassen. Eine Entscheidung kann man zum Beispiel so vorbereiten:

Zuerst die mentale, gründliche Überprüfung des Problems. Anhören – aber beim Anhören nicht beeinflussen lassen! Meinungen austauschen, aber nicht diskutieren. Offen sein ...

Schließlich liegen mehrere Alternativen vor uns; und wir sind nicht sicher, welches die bessere ist. Das ist die richtige Ausgangsbasis, die Unsicherheit, oder besser, die Gleichwertigkeit: soll ich so – oder soll ich so?

Jetzt eine Pause einlegen – Stunden, Tage, Wochen. Alles vergessen, das heißt, nicht mehr daran denken, das Mental ›auf Null‹ bringen, das eigene Innere arbeiten lassen. Zeit lassen, damit die Umstände zur Realisierung des Vorhabens oder für eine andere Lösung ›geschaffen‹ werden können.

Und dann erst, im letzten Augenblick, wenn der Moment da ist – die Entscheidung treffen! Und zwar entsprechend dem momentanen intuitiven Impuls. Dann weiß man plötzlich: ›Das ist der richtige Weg‹.

Und bis zum letzten Moment zuschauen, wohin der Ball läuft. Und nicht immer läuft er nur dorthin, wohin wir wollen. Es ist so wichtig, daß wir nicht unser Ego mitsprechen lassen. Wir sollten ›in Null‹ sein.«

»Unter Intelligenz versteht man im allgemeinen eine bestimmte intellektuelle Fähigkeit unseres Gehirns.

Aber die wahre Intelligenz ist etwas anderes: Es ist die Fähigkeit, sich anpassen, sich einfühlen zu können – an Situationen, Menschen, Gegebenenheiten.«

Einfach »Ja« sagen

»Deswegen brauchen wir Einfachheit, aber auch Weichheit; damit meine ich die Bereitschaft zum Mitgehen. Nicht bereit gegenüber den Menschen – sondern bereit gegenüber der Intuition!

Die Gefahr ist natürlich, daß wir sagen, wenn wir etwas nicht tun wollen: ›Meine Intuition sagt nein‹. In Wirklichkeit ist es aber nicht die Intuition, sondern es ist irgend eine Emotion oder der Stolz oder eine Vorstellung oder eine vorgefaßte Meinung oder etwas anderes.

Wie oft meinen wir: ›Das geht nicht, weil ...‹. Aber haben wir da wirklich recht? Vielleicht geht es nur deswegen nicht, weil wir *denken,* es ginge nicht. Warum nicht offen sein für *alle* Möglichkeiten – und nicht nur offen für solche, die *wir* für gegeben halten, oder die *wir* wollen?

Sind wir aber wirklich offen für alles – dann werden wir immer wieder überrascht beobachten, wie sich eine Lösung aus einer völlig unerwarteten Richtung auftut. Vorausgesetzt, daß unsere Intuition uns führt – und nicht unser eigenes Wollen.«

»Und wie können wir feststellen, ob es die
Intuition ist oder unser eigenes Wollen?«

»Das ist ganz einfach: Gar nicht erst versuchen, es festzustellen, sondern ganz einfach ›ja‹ sagen! Natürlich ist das nicht immer möglich. Aber es ist eine sehr gute Übung, eine Übung, die wir täglich durchführen können, in allen möglichen Situationen. Und vor allem sollten wir diese Übung durchführen, wenn uns etwas nicht angenehm ist. Dann einfach ›ja‹ sagen!

Doch man kann durchaus üben: Wir sehen zum Beispiel etwas und es gefällt uns. Also lauschen wir nach innen und fragen uns, warum es uns gefällt. Ist es das Ego, oder ist es eine innere Sensibilität oder ein innerer Impuls? Wenn es das Ego ist, gut, dann läßt man es fallen und geht vorbei. Man muß es dann wirklich fallen lassen – wenn man kann. Das Wichtigste an dieser Übung ist, daß man in sich selbst zu spüren versucht, woher der Wunsch kommt.

Ähnlich ist es bei einem anderen Beispiel: Wir möchten etwas zum Beispiel weiß haben, während ein anderer es grün möchte. Also sagen wir uns: ›Ich möchte weiß, er möchte grün ... Was möchte bei mir weiß ...?‹ Hören wir nach innen und stellen wir fest, was in uns weiß möchte. Ist es das Ego oder etwas anderes ...?

Und dann werden wir feststellen, daß dieser Wunsch nach weiß sich langsam entspannt ... Und er wird uns immer gleichgültiger ... Und es wird immer unwichtiger für uns, ob es weiß oder grün ist ...

Wir sollten also immer versuchen, uns so einzustellen, daß wir bereit sind, beide Farben zu akzeptieren, neutral zu sein. Dann, irgendwann, wird uns plötzlich klar werden, ob überhaupt eine Farbe wichtig ist und, wenn ja, welche.

Wir kennen eben rechts und links; es ist etwas entweder gut oder nicht gut. Aber was ist gut und was ist nicht gut? Wenn wir ›gut‹ sagen, fällen wir eine Entscheidung für das, was wir für gut *halten.* Wir sagen zu etwas ›nicht gut‹, wenn wir glauben, daß es uns unangenehm sein wird.

Doch etwas zu tun, was unangenehm ist, bringt in uns etwas in Bewegung, läßt in uns etwas arbeiten, läßt in einem der Energiezentren ein Gefühl oder etwas anderes abbauen, läßt an einer Idee oder einer Emotion arbeiten. Und wenn wir das überwunden haben, dann werden wir feststellen, daß es gut so war ...

Das Einfachste aber ist, einfach ›ja‹ zu sagen. Das öffnet uns für alle Möglichkeiten. Das vermeidet eine Blockierung. ›Ja‹ sagen und dann abwarten ... Vergessen wir, was wir gelernt haben; vergessen wir, was man uns sagt, daß etwas gut oder böse sei; vergessen wir unsere Vorbehalte oder unsere Ängste. Folgen wir unseren inneren Impulsen!«

»Unsere irdische Zeit ist eine durch unser Mental verzerrte Projektion der absoluten Zeit.

Ändert sich die Funktion unseres Mentals, dann ändert sich auch unser Zeitbegriff.«

11

Der neue Zeitbegriff: Der richtige Moment

»Wir leben in einer Daseinsebene, in welcher es den Raum und die Zeit gibt. In der Welt ›dahinter‹ gibt es ebenfalls Raum und Zeit. Und heute geht es darum, die beiden Welten mit den verschiedenen Zeitbegriffen ›zusammenzubringen‹.«

»Es ist eben heute nicht mehr möglich, die Abläufe kontinuierlich zu sehen. Wir müssen lernen, diese unter dem Gesichtspunkt der Zyklen zu verstehen und nach deren Gesetzen zu leben. Die Neue Energie wirkt nicht kontinuierlich, sonder rhythmisch.«

Die andere Zeit

»Man sagt doch, daß es in der anderen Dimension keine Zeit gibt.«

»Nein, so ist es nicht. Es gibt dort eine Zeit, aber es ist eine andere Zeit, ein anderer Zeitbegriff.«

»Läuft die Zeit dort mit einer anderen Geschwindigkeit ab?«

»Nein ... es herrscht dort ein anderer Zeitbegriff, ein anderes ... Zeitverständnis. Die irdische Zeit ist nach unseren Begriffen objektiv, meßbar, unterteilt in gleiche Intervalle. Ein Ablauf ist damit im voraus festzulegen, man kann planen.

Die Zeit des Höheren Bewußtseins dagegen besitzt nicht gleiche Intervalle – das ist nicht einfach zu erklären –, es gibt da keinen ›mechanischen Zeitablauf‹, wenn man so sagen darf. Die Neue Energie arbeitet ja nicht kontinuierlich, wie wir wissen, sonder rhythmisch, in Zyklen, wobei es kurze und lange Zyklen gibt.

Unser Zeitgefühl hängt mit der Funktion unseres Gehirns zusammen, und dieses funktioniert mechanisch. Damit ist dann auch unsere Zeit ›mechanisch‹.

Das Göttliche Bewußtsein aber arbeitet nicht konstant, festgelegt, sondern schöpferisch. Und wenn diese andere Zeit in unsere Welt hineinwirkt, dann funktioniert besonders das nicht mehr nach unserer Zeit, sondern nach der anderen Zeit, was mit der Neuen Energie aufgebaut wird. Man kann die andere Wirkung spüren:

Während mancher Zeitepochen ist die Zeit ›zusammengepreßt‹. Wir spüren einen ›Zeitdruck‹, der auf uns einwirkt. Dann spüren wir, was alles getan werden kann und muß, fühlen die Möglichkeiten und Chancen. Es ist eine ›Öffnung‹ da, jetzt kann alles schnell und einfach gehen. Es ist ›Zyklus oben‹. Jetzt sollten wir handeln!

Dann später ›dehnt sich die Zeit wieder aus‹. Man ist von diesem Druck befreit, spürt ›mehr Zeit‹.

Aber nun ist auch die ›Zeit der Öffnung‹ vorbei. Die gleiche Aufgabe, die vorher in Tagen oder Wochen hätte erledigt werden können, nimmt nun Monate und Jahre in Anspruch. Es geht langsamer, träger und schwieriger voran. Mehr Hindernisse sind zu überwinden.

Jetzt haben wir ›Zyklus unten‹, und wir täten besser, nichts zu unternehmen oder nichts Neues anzufangen.

Ziel ist es ja, zu einem Instrument des Höheren Bewußtseins zu werden, und das heißt in diesem Falle, mitzuwirken an dem Versuch, die Neue Zeit auf die Erde einfließen zu lassen, eine andere Dimension mit der hier zu vereinigen.

Dabei ist es nicht einfach, beide Zeiten zusammenzubringen. Einmal gibt es ja die irdische Zeit mit ihren Minuten, Stunden, Tagen; dann gibt es die Momente, in denen wir nicht in der irdischen Zeit leben. Das geschieht dann, wenn wir intuitiv sind, ganz und gar intuitiv. Dann hält sozusagen unser Inneres Selbst Kontakt zur anderen Zeit – während unser irdischer Körper gleichzeitig in dieser irdischen Zeit existiert.

In diesen Momenten sind wir zu einem Werkzeug des Höheren Bewußtsein geworden, zu einem Instrument einer anderen Dimension, eines anderen Raumes und einer anderen Zeit – zu einem Instrument einer anderen Welt in dieser Welt.

Anfangs ist dies innerhalb eines Tages ein Vorgang von wenigen Sekunden, während derer man völlig intuitiv ist. Später werden daraus Minuten, fünf Minuten … und eines Tages vierundzwanzig Stunden … Dann verlieren die Minuten und Tage und Wochen ihre Bedeutung …«

»Wir sprechen von Intuition und meinen damit das Hereinwirken einer anderen Dimension in unsere Welt. Doch wir sollten besser sagen: Impulsion. Denn mit diesem Begriff verbinden wir eine kurze Zeitspanne. Einer Intuition zu folgen, heißt nämlich nicht nur, diese Intuition zu realisieren, sondern sie im selben Moment zu realisieren.«

Die kurzen Zyklen

»Wir sollten ferner wissen, daß die Neue Energie mit kurzen Rhythmen, kurzen Impulsen, oder, anders gesagt, mit kurzen Zyklen arbeitet.

Was getan wird, wird gut getan, mit Perfektion, mit Gründlichkeit bis ins Detail. Dann wird diese Aktion abgeschlossen und eine neue ›Null-Lage‹, eine neutrale Situation hergestellt.

Erst dann wird ein anderes Thema begonnen. So ordnet sich ein Glied an das andere, doch immer geht es nur um gut getane, klare, abgeschlossene Einheiten. Und der nächste Schritt wird erst getan, wenn das Resultat des vorangegangenen feststeht. Es sollen solide Stufen gebaut werden.

So wird auch immer nur soviel dieser Neuen Energie zur Verfügung gestellt, wie gerade für jeweils einen Schritt erforderlich ist. Kein Durcheinander und keine Verschwendung; in kleinen Zyklen und kurzen Rhythmen!

Und nach jedem Zyklus eine Atempause. Eine neue Situation wurde in der Materie realisiert, damit wurden neue Möglichkeiten geschaffen.

Auch steht für eine Aufgabe immer die richtige Qualität an Neuer Energie zur Verfügung. Wird diese Energie für andere Arbeiten verwendet, dann befindet sich das Individuum nicht in Harmonie mit dieser Energie, und das Ergebnis ist ein

Schließen der Energierzentren; das Resultat der Arbeit ist jetzt nicht mehr positiv.

Deswegen also klare Trennung der einzelnen Schritte und kein Durcheinander; ein Schritt nach dem anderen!«

»Nie die Geduld verlieren! Alles braucht seine Zeit, und alles kommt zu seiner Zeit. Die irdische Zeit ist nicht die Zeit dieser kosmischen Energie. Das ist das Unangenehme für uns. Und wir werden bemerken, daß die irdische Zeit lange, sehr lange dauert. Alles ist träge, so zäh … Und die Neue Zeit ist ›sofort‹, schnell, leicht, spontan … alles geht da so einfach …«

Das Planen

»Wir müssen daran denken, daß es eine individuelle und eine kollektive Geschwindigkeit gibt. Die individuelle Geschwindigkeit hängt ab von unserer Seele, von unserem Schicksal, wobei eben das Karma und die äußeren Umstände eine Rolle spielen.

Dann gibt es eine kollektive Geschwindigkeit, denn die anderen Millionen von Menschen existieren ja auch noch. Hier geht es nicht so recht weiter ... dort muß man warten ... dort muß etwas nachgeholfen werden ... Und dann, wenn überall die Voraussetzungen geschaffen sind, geht es weiter ...

Man kann nicht alles erklären ... und wenn wir mit dieser Neuen Energie zusammenarbeiten, spielen andere Zeitbegriffe eine Rolle. Die Gefahr dabei ist nur, daß wir sagen: ›Es passiert ja nichts‹ – weil wir nichts sehen. Doch auf der anderen Ebene wird immer gearbeitet: Zyklus oben, Zyklus unten, Zyklus oben, Zyklus unten ...

Aus all diesen Gründen brauchen wir Geduld, dabei Entspannung und Gelassenheit. Die ›Neue Zeit‹, von der wir hier reden, liegt außerhalb unserer Begriffswelt. Wir können heutzutage nicht mehr auf einem Gebiet, das sich so völlig unseren Sinnen entzieht und das außerhalb unserer Gewohnheiten und Erfahrungen liegt, vorausbestimmen, was in ein oder zwei Wochen geschehen wird.

Unser Mental ist dafür nicht geschaffen. Es sagt deshalb: ›In ein oder zwei Wochen möchte ich dieses und jenes erreicht haben‹ – in einer Zeit, die anders abläuft?! Denn in diesen ein oder zwei Wochen ereignet sich vielleicht etwas, oder wird etwas vorbereitet, was unser Leben völlig verändern kann – vorbereitet in einer anderen Dimension!

Aber wenn dann die Zeit zum Handeln gekommen ist – diese zehn Minuten, auf die es vielleicht ankommt –, dann müssen wir ›da sein‹, müssen wir bereit sein. Das ist alles!

Innerhalb dieser ein oder zwei Wochen sehen wir äußerlich vielleicht überhaupt nichts ablaufen, erst viele Wochen später können wir etwas feststellen.

Sobald diese andere Zeit eine Rolle spielt – und sie spielt heute eine Rolle! – müssen wir anders funktionieren, als bisher gewohnt. Wir bewegen uns nicht mehr ausschließlich innerhalb des bisher gewohnten normalen Bewußtseins, innerhalb des materiellen, kontinuierlichen Rahmens, innerhalb dessen wir planen und organisieren können. Wie bewegen uns mehr und mehr auf dem Gebiet des Höheren Bewußtseins.

Der Mensch hat die Maschine erfunden, die maschinenmäßig arbeitet: mechanisch. Er ist es, der sie konstruiert hat, mit seinem Verstand und entsprechend dem Funktionsprinzip seines Verstandes.

Es handelt sich deshalb auch um Maschinen, die sich kontinuierlich drehen und die regelmäßig fabrizieren, Stunde für Stunde, Tag für Tag; wobei es das menschliche Mental ist, das diese Monotonie, diesen mechanischen, toten Ablauf erfunden hat ... immer dasselbe, immer dasselbe ...

Dieser mechanische Ablauf ist nicht der Rhythmus des Höheren Bewußtseins, denn dessen Rhythmus atmet: Einatmen, ausatmen, Pause ... Es ist ein eigener, nicht-irdischer Rhythmus, lebendig, schöpferisch.

Die Zeit ist eine Funktion unsere Mentals. In dem Maße, wie sich unser Mental ändert – und es ist dabei, sich zu ändern –, wird sich die Zeit verändern.

Nun kommen wir immer mehr in eine Zeit, in der es nicht mehr linear weitergeht, sondern in Zyklen. Es wird immer weniger eine lineare Zeit geben. Die Zukunft wird sich dem Mechanismus des Höheren Bewußtseins angleichen. Und das Höhere Bewußtsein funktioniert in Zyklen, in immer deutlicher feststellbaren Zyklen.

Dabei gibt es Zyklen der Arbeit und Zyklen der Ruhe und Vorbereitung. Wir werden immer weniger wirkungsvoll arbeiten können, wenn wir nicht in Zyklen denken und handeln. Wir müssen uns an einen neuen Rhythmus gewöhnen, einen Rhythmus, nach dem einmal sehr viel getan und dann wieder, zu anderen Zeiten, pausiert werden muß.

Und zum Zeitpunkt der Pause wird, wie wir wissen, die Richtung neu bestimmt.

Deswegen werden die Gesetze und Organisationsformen von heute im Laufe der Zeit absterben – weil sie sich nicht in Übereinstimmung mit den Neuen Gesetzen befinden. Nach den neuen Zeitbegriffen kann man nicht mehr vorausplanen, kann man nicht mehr ein oder zwei Jahre vorausbestimmen.

Denn alles ist eine Frage der Energie. Wie kann etwas laufen, wenn keine Energie vorhanden ist? Und diese Energien stehen nicht immer so gleichmäßig zur Verfügung, wie unser Mental das gern hätte und wie es dies bisher gewohnt war.

Natürlich müssen wir planen, denn wir brauchen einen Rahmen für unser Handeln – aber dann müssen wir bezüglich des Zeitpunktes der Realisierung flexibel sein, weicher sein, uns anpassen können. Der richtige Zeitpunkt kann, wenn er überhaupt eintritt, später eintreten; er kann aber auch früher eintreten, als wir es vorausgeplant haben.«

> *»Keine Regeln und keine Technik! Es gibt nur Impulse, es gibt nur Momente. Und zu diesen Momenten ist alles möglich, und dann ist alles richtig.«*

Der richtige Moment

»Auf der ›anderen‹ Seite steht unwahrscheinlich viel Zeit zur Verfügung, die Zeit dort ist unendlich ... Hier hingegen, auf ›unserer Seite‹, hier drückt etwas, schiebt etwas, will etwas heraus. Es drängt, denn es ist nicht genügend irdische Zeit vorhanden, Zeit unseres Körpers. Und jeder Tag, der vorübergeht, jeder Atemzug bringt uns näher an das Ende der Möglichkeit, in einem irdischen Körper tätig werden zu können...

Es gibt also zwei Zeitbegriffe, und beide müssen zusammengebracht werden. Und es gibt nur eine Zeitspanne, in der das möglich ist, wo beide Zeiten sich berühren. Diese Zeitspanne ist die gegenwärtige, ist der gegenwärtige Moment. Es ist dies ein produktiver Moment. Wenn wir diesen Moment verpassen, dann haben wir eine Chance verpaßt, haben wir vielleicht alle Chancen verpaßt!

Deswegen gibt es Tage oder Stunden, die zählen, *einen* Moment, der zählt, eine Minute.

Anschließend gibt es Zeitspannen, in denen alles nachläßt, in denen nichts zu tun ist – weil alles da ist.

Wenn ich sage ›es gibt nichts zu tun‹ – warum gibt es nichts zu tun? Weil alles da ist! Die ganze Kraft ›dahinter‹ steht bereit. Doch man kann nicht zur gleichen Zeit empfangsbereit und aktiv sein. Wenn ich also sage ›es gibt nichts zu tun‹, dann heißt das nicht, daß man schlafen sollte. Im Gegenteil! Wach sein, aufmerksam sein, bereit sein. Dann ist nichts zu tun – weil es sich tut.

Für alles was geschieht, gibt es den richtigen Moment, und es geschieht mit der richtigen Geschwindigkeit. Das gilt für ein neues Vorhaben wie für die persönliche Evolution.

Und diesen Moment muß jeder selbst spüren. Wenn jemand etwas durchführen will und es geht nicht voran, dann sollte er abwarten. Eines Tages, plötzlich, ist dann alles wie vorbereitet, dann geht es ganz einfach. Das ist dann der richtige Moment für ihn, das ist dann *sein* Moment. Allerdings, dieser Moment gilt dann nur für ihn!

Sich in Harmonie mit dem neuen Zeitbegriff zu befinden, heißt, jeden Moment bereit zu sein, die Richtung zu ändern,

›weich‹ zu sein, spontan zu sein, nicht festgelegt zu sein; es heißt, *niemanden festzulegen, aber auch sich selbst nicht festlegen zu lassen.* Also: offen und jederzeit für alles bereit sein, im richtigen Moment und richtig reagieren.«

Das spontane Reagieren

»Das heißt doch, daß wir dann gar nicht mehr agieren, sondern nur noch reagieren?«

»Das ist etwas anders. Ich möchte es an einem Bild erklären:

Wir können uns unser Leben hier auf der Erde vorstellen, als sähen wir einen Film ablaufen. Unser Körper, unsere Gefühle, unser Intellekt und so weiter, das heißt das, was wir uns unter unserer ›Persönlichkeit‹ vorstellen, spielen in diesem Film – sind ein Teil des Filmes.

Und dann sitzt da ein ›Großer Mensch‹, sagen wir, es sei der Direktor, der sich den Film anschaut.

Von Zeit zu Zeit nimmt dieser Direktor eine Taschenlampe und schaltet sie für einen Augenblick ein, um auf der Leinwand etwas mit einem Leuchtpunkt zu markieren – um unsere Aufmerksamkeit auf eine bestimmte Situation zu lenken, eine günstige Gelegenheit zum Beispiel, die sich gerade für einen oder mehrere der Mitspieler des Filmes ergibt.

Die Leute in dem Film bemerken dieses kurze Aufleuchten der Taschenlampe – das ist dann die Intuition, der Impuls – oder sie bemerken es nicht. Den Direktor interessiert das nicht ... und der Film läuft weiter ...

Und der Direktor kann das Zeichen nicht zweimal geben, weil der Film ja weitergelaufen ist ... schade, vorbei! ... Diese Gelegenheit ist vorbei und kommt nie wieder, *nie* wieder ... immer wieder kommen jedoch andere Situationen ...«

»Ist der ›Große Mensch mit der Lampe‹ erst heute da, das heißt seit dem Auftreten der Neuen Energie?«

»Dieser ›Mensch‹ ist der Schöpfer des Films. Er ist immer da. Aber er hat nicht nur diesen Film geschaffen, er ist auch der Schöpfer anderer Filme. Er sieht sich eine Weile diesen Film an ... dann sagt er vielleicht: ›Gut ... hier muß etwas arrangiert werden ...‹. Danach sieht er wieder zu, wie der Film abläuft, und gibt wieder einen Impuls ... und sieht zu, was passiert ...

Unser Mental hätte gern, daß da jemand in die Hände klatscht und daß danach wieder alles richtig läuft. Doch das Höhere Bewußtsein funktioniert anders. Es werden Hinweise gegeben, Möglichkeiten eröffnet: › ... Aber zwischen Anfang und Ende dieses Planes sind verschiedene Wege möglich ... Diese Kraft aus einer anderen, höheren Ebene hilft oder hilft nicht – je nach der Richtung, die der Mensch einschlägt, nachdem ihm geholfen und ihm der richtige Weg gezeigt wurde! ...‹

Wir spielen in dem erwähnten Film als Schauspieler mit, jeder seine genau definierte Rolle und an seinem genau bestimmten Platz. Und in diesem Film gibt es unsere Zeit ...

Aber wir *sind* nicht diese Schauspieler, wir sind etwas anderes, sind nicht von dieser Erde. Wir kommen woanders her. Und dort ... dort gibt es nicht diese Zeit ... Wie soll ich das erklären? ...

Vielleicht sind *wir* es, die das alles organisiert haben! ... Vielleicht haben wir den Film organisiert und spielen gleichzeitig in ihm mit!«

»Das heißt, wir stammen aus einer anderen Dimension und spielen hier nur in einem Film mit?«

»Ja ... und es gibt Verbindungen zwischen diesen Dimensionen. Wir sind Wesen aus anderen Dimensionen. Aber wir leben derzeit in diesem Film, in diesem irdischen Dasein. In uns lebt jedoch eine andere Person, die aus einer anderen Welt stammt ...«

»Unser Inneres Selbst?«

»Ja ... und es sind vielleicht wir selbst, diese anderen Personen in uns, die den Film geschaffen haben, mit allen Umständen und Abläufen ... für unsere eigene Evolution ...

Das ist für unseren Verstand schwierig zu akzeptieren. Denn wir fragen sofort: Und wozu dient die Evolution? Das ist der Punkt, an dem unser Mental blockiert ist. Denn unser Mental ist nicht geschaffen, um das zu verstehen. Das Mental ist ein Instrument für *diesen* Film, um in diesem Film mitspielen zu können. Es ist ein Instrument, so wie Hammer oder Zange ... und mit fortschreitender Evolution muß dieses Instrument wieder verschwinden! ...«

»In der anderen Welt existiert das Mental nicht?«

»Es existiert dort schon, aber in anderer Form, es arbeitet anders. Es gibt dort andere Gesetze. Die Gesetze *unseres* Mentals sind die Ursachen und Wirkungen – und sie sind die Assoziationen der Ideen.

Ich nehme zum Beispiel hier dieses Buch, und ich sehe Sterne auf seinem Umschlag. Ganz automatisch kombiniert mein Mental. Es denkt, daß es Sterne gibt und daß in dem Buch etwas über Sterne geschrieben ist, und so weiter.

Das ›Mental‹ des Höheren Bewußtseins dagegen funktioniert anders. Es sieht das Buch und sagt: ›Es ist ein gutes Buch ...‹. Das ist alles.«

»Sie sagen, daß mit fortschreitender Evolution
das Instrument Mental wieder verschwinden muß.
In der Zukunft muß also auch unser heutiger
Zeitbegriff verschwinden?«

»Das Zeitverständnis wird sich ändern. Nicht mehr gleiche Zeitintervalle werden wichtig sein, sondern die Zyklen und die Impulse. Auch unser Verständnis von Vergangenheit und Zukunft wird sich wandeln:

Die Brücke zwischen Vergangenheit und Zukunft ist nämlich die Tat, die momentane Aktion. Nur im gegenwärtigen Moment geht Vergangenheit in die Zukunft über. Und nur in diesem Moment sind beide Zeitbegriffe synchron.

Deswegen ist es heute auch nicht allein wichtig, nicht zu weit in die Zukunft zu sehen und zu planen. Es ist genau so wichtig, nicht zurückzuschauen. Man sollte nicht sagen: ›Vor drei Monaten habe ich dies getan, vor einem Jahr jenes...‹. Das ist vorbei, fertig; es ist tot, nicht mehr existent.

Nur die Gegenwart zählt!

Und gehandelt werden kann nur noch im jeweiligen Moment. Zwischen dem intuitiven Impuls und der Aktion darf keine Zeit vergehen. Sonst entsteht eine Verzerrung.

Die beste Ausgangsbasis ist das ›in Null‹ sein: kein Denken, keine Wünsche, absolute mentale Leere. Jetzt kann alles geschehen. Der Impuls kommt; und wenn dieser Impuls spontan realisiert wird, kann man Erstaunliches erreichen. Dieses richtige Handeln im richtigen Moment entscheidet über den richtigen Fluß der Energie auf allen Existenzebenen.

Impuls und Aktion ist dann eines. Man liegt dann richtig. Nur jetzt ist eine Handlung unpersönlich, neutral, liegt die ganze Kraft der reinen Energie in der Handlung. Und das Resultat ist entsprechend.

Die Impulse kommen heute in immer kürzeren Zeitabständen und sind von immer kürzerer Dauer. Wir haben jetzt die Phase der kurzen Rhythmen. Und von je weiter ›oben‹ die Energie kommt, um so kürzer sind die Zyklen, um so kraftvoller allerdings auch die Impulse.

Um so wichtiger ist dann aber auch die rechtzeitige und harmonische Umsetzung – und die geschieht aus der neutralen Haltung heraus – durch die spontane unbeeinflußte Reaktion.«

»Tritt ein Mensch auf Grund seiner Entwicklung (›Loslösung von den Dingen‹) in einen Großen, das heißt Göttlichen Plan ein, kann er seine räumlichen und zeitlichen Veränderungen nicht mehr mit seinem Verstand bestimmen – sondern einzig und allein mit Hilfe seiner Intuition. Dabei soll seine innere Grundhaltung aufmerksam und hellwach und dennoch gelassen und neutral sein – neutral im Sinne der Loslösung über die Sieben Zentren (des Sentimentals, des Vitals, des Mentals und so weiter).

Bei der Realisierung eines Göttlichen Planes – mit seinen ›schöpferischen Eingriffen auf dem Niveau der Materie‹ – wird jede Bewegung des physischen Körpers, räumlich und zeitlich gesehen, zu einem Problem – zu einem Problem für die Sicherheit und zu einem Problem für die Harmonie mit ›den anderen‹.«

12

Der richtige Ort

»Alles ist eine Frage der Schwingung, der Vibrationen. Alles, was wir sehen, sind in letzter Konsequenz Energien, ›kondensierte, konzentrierte‹ Energien, Vibrationen – alles ist durch Vibrationen zu beeinflussen.

Auch unser Körper setzt sich zusammen aus Vibrationen verschiedener Qualität und Intensität. Er nimmt ständig bestimmte Strahlungsarten aus seiner Umgebung auf und gibt andere ab. Menschen allein, noch mehr Menschengruppen, wirken durch Vibrationen aufeinander ein. Es kann sich dabei um sehr intensive Strahlungen handeln.«

Die unterschiedlichen Vibrationen

»Es gibt Strahlungen, die von unten, von der Erde ausgehen, und solche, die aus dem Kosmos auf die Erde oder die Menschen einwirken. Und dann gibt es neuerdings eine besondere Art von Energie: die hochenergetische und lebendige des Höheren Bewußtseins.

All diese Schwingungen beeinflussen sich bis zu einem gewissen Grad gegenseitig, und sie wirken auf den Menschen, auf seinen Körper ein und beeinflussen ihn.

Dieses Einwirken ist durchaus konkret zu sehen. Schwingungen verändern die Substanz, die chemische Zusammensetzung des Körpers. Sie bewirken, daß der Körper bestimmte Stubstanzen aufnimmt und daß er andere abstößt. Ändern sich die auf ihn einwirkenden Schwingungen, so ändern sich auch die feiner schwingenden ›Körper‹ des Menschen.

Es ist bekannt, daß unser Körper sich ständig verändert, das heißt er ändert ständig seine chemische Zusammensetzung. Die Vibrationen eines Körpers, die Vibrationen seiner Zellen sind in ständiger Veränderung begriffen.

Aufgrund der auf den Körper fortwährend einwirkenden unterschiedlichen Vibrationen hält er bestimmte Stoffe, zum Beispiel das Kalzium, auch Vitamine und andere mehr oder mehr weniger lebenswichtige Bestandteile, zurück, je nach Art und Intensität dieser Vibrationen.

Hält sich ein Mensch an einem Ort auf, der für ihn derzeit ungünstige Vibrationen aussendet, das heißt, der eine Zeit lang eine ungünstige Kombination verschiedener Schwingungen auf ihn einwirken läßt, dann kann ein Ungleichgewicht, eine Disharmonie in seinem Körper entstehen.

Je weiter entwickelt ein Mensch ist, um so sensibler, um so empfindsamer wird er, das heißt, um so mehr ist sein Nervensystem in der Lage, bewußt oder unbewußt feinere Schwingungen zu empfangen; und umso mehr ist ein solcher Mensch diesen Schwingungskonstellationen, seien sie für ihn günstig oder nicht, ausgeliefert.

Auf der anderen Seite ist er dadurch auch besser in der Lage, diese Schwingungen zu spüren. Und je mehr dies der Fall ist, um so mehr fühlt er sich zu bestimmten Orten hingezogen oder von ihnen abgestoßen, um so öfter und um so deutlicher wird er spüren: ›Hier fühle ich mich wohl‹ oder ›hier fühle ich mich nicht wohl‹.

Es ist bekannt, daß jeder von uns bestimmte Plätze oder Orte kennt, zu denen er gern hingeht, wo er sich wohlfühlt, wenn wir auch nicht wissen, warum dies so ist. Wir suchen dann dafür jeweils irgendwelche mentalen oder emotionellen Gründe.

Aber was geht wirklich vor? Diese Orte oder Plätze senden bestimmte Vibrationen aus, oder, anders ausgedrückt, an diesen Orten wirken bestimmte Vibrationen, die auf uns, auf unseren Körper spezifische Einflüsse ausüben. Für uns gerade günstige Vibrationen können zum Beispiel ein bestehendes Ungleichgewicht im Körperhaushalt wieder harmonisieren, und zwar ganz allein aufgrund dieser Strahlungen.

Je sensibler man ist, um so stärker wird man zu solchen Orten hingezogen, die man gerade notwendig hat. Unser Nervensystem kann das erfühlen. So fühlen wir uns zum Beispiel manchmal von den Bergen angezogen, ein anderes Mal wieder vom Meer.«

Der Ortswechsel

»An verschiedenen Orten wirken also unterschiedliche Schwingungen oder Strahlungen. Und diese Schwingungen oder Strahlungen wechseln im Laufe der Zeit ihre Intensität und ihre Qualität. Deswegen muß der sensibler werdende Mensch öfter die Orte wechseln, an denen er sich aufhält.

Ein weniger sensibler Mensch kann viele Jahre an einem für ihn ungünstigen Ort leben, so lange bis er krank wird. Und wenn er dann krank geworden ist, weiß er oft nicht, warum dies geschehen ist.

Ein sensibler Mensch dagegen kann an einem Ort nicht lange bleiben, wenn dort gerade ungünstige Schwingungen vorherrschen; nach einigen Tagen oder Wochen oder Monaten hält er es dort einfach nicht mehr aus.

Wenn wir jetzt allerdings den falschen Schluß ziehen, uns überall dort, wo wir hinkommen, zuerst einmal mit der Frage beschäftigen, ob es dort bestimmte Strahlungen gibt oder nicht, dann ist das nicht der richtige Weg. Es ist viel einfacher:

Wenn wir an einen neuen Ort kommen, fragen wir uns einfach: ›Fühle ich mich hier wohl oder fühle ich mich hier nicht wohl?‹ Fertig! Wenn wir uns nicht wohlfühlen, warten wir noch einen Tag oder vielleicht noch einen weiteren. Wenn sich dann nichts geändert hat, gehen wir wieder!

Wir sollten dann aber wirklich so bald wie irgend möglich gehen, weil es uns immer schwerer fällt zu gehen, je länger wir bleiben!

Geht es doch um einen Ort, der sich gerade in Disharmonie befindet zu unserem Innern. Und in einem solchen Fall passiert es dann, daß sich die Chakras schließen. Je länger die Chakras wiederum geschlossen sind, um so weniger reine Energie kommt herein, um so mehr fehlt uns der innere Bezugspunkt und um so schwerer fällt es uns schließlich, diesen Ort zu verlassen.

Man braucht dann wirklich Kraft, sich loszureißen. Oft findet man in einem solchen Fall alle möglichen Gründe, noch zu bleiben – eben weil es die menschliche Trägheit gibt.

Wenn wir also fühlen: ›Dieser Ort ist mir unsympathisch, ich halte es nicht mehr aus‹ – dann gehen wir! Geben wir unseren Impulsen nach und gehen wir, und gehen wir bald!

Wenn ein Ort zu einer bestimmten Zeit in Harmonie mit uns ist, dann können wir auch sagen: ›Dieser Ort ist gerade offen für uns‹. Einmal ist ein Ort für uns ›offen‹, ein anderes Mal ist er ›zu‹.«

»Denken wir dabei an die Zyklen. Auch das ›Öffnen‹ und ›Schließen‹ eines Ortes findet in Zyklen statt.«

Der »offene Ort«

»Deswegen sprach ich von der Notwendigkeit, verreisen zu können. Denn wenn wir uns an einem Ort aufhalten, an welchem unser Nervensystem die jeweiligen Spannungen nicht aushalten kann, schließen sich jeweils die Chakras. Haben wir dann die Möglichkeit, weg und dorthin zu gehen, wo es für uns ›offen‹ ist, so können wir das Schließen der Energiezentren vermeiden – es sei denn, es handelt sich um eine kollektive oder ›ferngesteuerte‹ oder um eine karmabedingte Schließung.

Dieses ›Offen-Sein‹ – oder ›Geschlossen-Sein‹ – eines Ortes wird immer wichtiger, je weiter sich die Entwicklung und damit die Sensibilität des einzelnen Menschen entwikkelt. Und es wird ebenfalls wichtiger mit zunehmendem Fortschreiten der heutigen generellen Entwicklung, der Transformation der Materie.

Das ist nicht zum Spaßen! Wenn wir uns in der Phase der ›Schließung‹ eines Ortes befinden, wenn wir also derzeit in

Disharmonie zu diesem betroffenen Ort stehen, dann stehen diese hochenergetischen Kräfte, die gerade an diesem Ort wirken, und die anderen Kräfte, die in uns aktiv sind, nicht in Harmonie zueinander, und es kann ein Unglück geben, zum Beispiel einen Unfall. – Sogar das Leben kann auf dem Spiel stehen!

Je weiter die Seele sich öffnet, um so mehr Energie kommt herein – und um so mehr muß man aufpassen: Kleinere Seelenschwingungen, kleinere Öffnung der Seele – kleinere Energiemenge; größere Seelenschwingungen aber bedeutet größere Öffnung der Seele – größere Energiemenge.

Und je weiter das geht, um so weniger können wir planen, um so weniger können wir voraussagen, wann ein Ort gerade ›offen‹ für uns ist. Manchmal ist ein Ort nur einen Tag oder zwei oder auch nur einige Stunden für uns ›offen‹.

Dies ist keine Phantasie, dies ist Tatsache! Und das zunehmend für mehr Menschen. Je stärker diese Kraft kommt, um so größer wird das Potential dieser Kraft und um so vorsichtiger muß der Mensch damit umgehen. Größere Seelenschwingung bedeutet, ein größeres Potential zu haben.

Was ist also zu tun? Fühlen, sensibler werden! Auf die inneren Impulse achten! Alles ist Erspüren – und Experimentieren. Fühlen – es gibt keine andere Lösung!«

»Zur rechten Zeit am rechten Ort«

»Was für einen Ort gilt, gilt auch für das, was an diesem Ort oder Platz oder in diesem Land passiert. Wenn wir Geschäfte machen oder künstlerisch tätig sein wollen in einem Land, welches für uns gerade ›zu‹ ist, wie wollen wir da Erfolg haben? Das Geld, die Materie, das Mental … alles ist doch mit dieser ›Öffnung‹ verbunden.

Wenn wir tätig werden wollen an einem Ort, der gerade nur ›ein wenig offen‹ ist für uns, dann müssen wir sehr viel Mühe investieren. Aber wenn der Ort ›ganz offen‹ ist, dann ist eben alles ›offen‹ und frei für uns …

Denken wir dabei an die Zyklen. Auch das ›Öffnen‹ und ›Schließen‹ eines Ortes findet in Zyklen statt.

Alles ist eine Frage der Harmonie der Energieströme. *Wir handeln in Disharmonie, solange Ort und Zeit ›nicht offen‹ für uns sind.* Wir handeln also in Disharmonie, wenn wir nicht ›zeitgemäß‹ agieren. Das Resultat wird entsprechend sein: negativ – und es kann Unheil bringen.

Es droht eben ein Unheil, wenn etwas nicht ›zur rechten Zeit am rechten Ort‹ geschieht!«

»Bei der ›Transformation‹ handelt es sich um die ›Transformation der Materie‹.

Materie ist hart und bildet Widerstand. Denn Materie ist die dem Licht entgegengesetzte Kraft. Transformation findet also nur statt, wo Widerstand vorhanden ist.

Die ›Transformation‹ ist das Herabsteigen des Göttlichen in die Materie.«

13

Das Gesetz des Handelns oder: Keine Illusionen!

»Sobald ein Mensch das Vorhandensein des Göttlichen Bewußtseins in sich selbst wahrgenommen hat – nicht einmal, sondern täglich, stündlich ... sobald er immer empfänglicher dafür geworden ist, wird er die Welt um sich herum anders sehen. Er wird hinter dem, was seine Augen ihm zeigen, er wird hinter Worten, hinter Personen einen tieferen Sinn, einen roten Faden wahrnehmen.

Wenn er sucht, wenn er lernen will, dann wird von ihm zuerst verlangt, sich ›herabzulassen‹, sich seinen Mitmenschen gegenüber zu erniedrigen. Es muß bereit sein, sich von seinem Ego zu trennen. Doch Ziel ist es nicht, seine Gefühle, seine Wünsche zu unterdrücken; man darf keine mehr haben!

Der Mensch muß all das fallen lassen, was an Überlegenheitsgefühl in ihm ist. Es gibt keine spirituelle Überlegenheit, es gibt keine überlegene spirituelle Kraft. Die spirituellen Kräfte im Menschen, die göttlichen Kräfte im Menschen, das Höhere Bewußtsein sind vor allem einmal Harmonie.

Der Lernende, der Suchende, wer sich weiter entwickeln möchte – oder besser gesagt: wer sich weiter entwickeln lassen möchte –, der muß vor allem einmal lernen, bescheiden, ergeben zu sein, weich, ohne ›Ego‹, das heißt ohne persönlichen Wünsche und *ohne eigenes Wollen gegenüber seinen Mitmenschen.*

Das Höhere, Göttliche Bewußtsein verlangt von uns eine Art Spiel, damit das Ego der anderen Person besser sein eigenes Inneres Ich finden kann. Ja, wir müssen ein Spiel spielen: Wir sprechen, wir bitten um etwas, wir schlagen etwas vor ... Dann treten wir zurück und lassen den anderen auf uns zukommen. Er, der auch in seinem Ego gefangen ist, er soll die Wahl haben – die wirklich freie Wahl!

Wir üben keinen Einfluß auf ihn aus. Wir überlassen es ihm, sich zu entscheiden. *Wir überlassen die Wahl ihm, überlassen sie seiner eigenen Seele!*

Das Höhere Bewußtsein ist großzügig, es verlangt nicht viel. Es verlangt nur die Bereitwilligkeit, uns von unserem Ego trennen zu lassen, und das bedeutet unter anderem, daß wir unsere Wünsche, unsere Gefühle und Vorstellungen in Bezug auf unsere Mitmenschen aufgeben.

Das hilft uns auch, darüber Klarheit zu bekommen, daß auch die andere Person unglücklich ist, weil sie in ihrem eigenen Ego gefangen ist.

Das Höhere, Göttliche Bewußtsein ist vor allem ein Instrument der Unterweisung. Und es erwartet von uns Geduld. Es erwartet, daß sich der Lernende immer wieder demütig verhält, das er sein *eigenes* Wollen, seine *eigenen* Wünsche hintenan stellt. Es verlangt, daß er über seinen eigenen Handlungen steht und von dort aus hinter die Zusammenhänge des täglichen Lebens sieht – und daß er so auch seine eigenen Verpflichtungen gegenüber seinen Mitmenschen anders sieht.

Es wird von ihm erwartet, sich herabzulassen, seinen Stolz fallen zu lassen, das Ego der anderen Menschen um sich herum so zu akzeptieren, wie es nun einmal ist – mit all seiner Disharmonie und Unfähigkeit ... und manchmal auch mit seiner Böswilligkeit.

So kann sich die andere Person *frei* entscheiden und – falls sie es möchte – dem Höheren Bewußtsein die Möglichkeit bieten, mit ihr zusammenzuarbeiten.

Sie selbst kann sich dann dieser anderen Energie immer mehr bewußt werden. Ihr Ego wird dann kleiner und kleiner, und sie findet zurück zu innerer Harmonie. Sie läuft mit ... und ihr Karma und die ganzen Verknotungen der Vergangenheit können sich langsam auflösen.

Doch es gibt eine menschliche Dummheit, es gibt eine menschliche Kruste des Egos, die sehr unnachgiebig und sehr zäh ist. Auch soll man nicht glauben, daß alle Menschen auf der Erde gut sind ... oder daß sich hier alle Menschen sozusagen in einem ›Wartezustand‹ für eine so anders geartete Zukunft befinden ...!

Die Menschen auf unserer Erde in ihrem egozentrischen Panzer sind eben oft noch recht primitive Kreaturen.

Nachdem der ›Lernende‹ nun sein ›Spiel gespielt‹, nachdem er sich dem Ego der anderen Person untergeordnet, geholfen und Ratschläge gegeben hat und alles, was er geben kann – dann schließlich kommt der Zeitpunkt, wo auch damit einmal ein Ende sein muß. Für alles gibt es eine Grenze.

Wenn das Ego dieser anderen Person sehr stark ist und nicht nachgibt, wenn dadurch immer wieder neues negatives Karma erzeugt und die Anwesenheit oder das Verhalten dieser Person zu einem Problem für die anderen wird, dann muß ein Ende gefunden werden.

Dann bleibt nichts anderes übrig, als daß dieser Mensch einen anderen Weg nimmt, den Weg, der – aus der Sicht des Karmas gesehen – vielleicht der ihm zugemessene ist. Solche Menschen müssen dann ihren eigenen Weg gehen. Und dieser

Weg ist nicht unbedingt jener, der in Richtung auf die Neue Zukunft, in Richtung auf das Höhere Bewußtsein führt …

Es gibt einen allgemeinen Werdegang für die Menschheit, und es gibt Wege für jeden einzelnen Menschen. Doch wenn ein solcher Weg zu viele Probleme mit sich bringt und zu stark in die Harmonie einer Gruppe eingreift und wenn sich die betreffende Person zu sehr an ihrem Ego festhält, dann muß diese Person mit ihrem so starken Ego eben woanders hingehen.

Natürlich wird ein solcher Vorgang – sehen wir ihn vom Standpunkt des Egos aus – immer Probleme, vor allem Gefühlsprobleme mit sich bringen; denn die Menschen sind untereinander verbunden, und eine Trennung ist immer unangenehm und erzeugt Reaktionen.

Doch das Höhere Bewußtsein verläßt niemanden. Denken wir immer daran, daß es eine andere Welt hinter der unseren gibt, eine Welt, in welcher das Göttliche aktiv ist, und daß es von dort aus steuernd eingreift, um für jeden das Richtige und Notwendige zu tun …

Ein Mensch, der sich weiter entwickelt, muß in der Welt der Materie normal reagieren können, den Handlungen der anderen angemessen. Und dazu ist es manchmal notwendig – leider, da dies natürlich auf Kosten der Harmonie geht –, hier ›normal‹, mit Bestimmtheit und mit aller Konsequenz zu handeln.

Und da die Brutalität der Menschen nun einmal existiert, da sich die Menschen hier auf dieser Erde zur Zeit eben noch in einem recht animalischen Zustand befinden, kann dies auch bedeuten, daß man mit großer Bestimmtheit und sogar Härte antworten muß.

Wir sehen, wie sich die Tiere bekämpfen und wie sich die Menschen wegen sinnloser Angelegenheiten gegenseitig bekriegen. Der Mensch, der sich in Richtung auf eine ›Höhere Wirklichkeit‹ bewegt, muß eben auch hier, in dieser Wirklichkeit, handeln können. Er darf sich nicht völlig passiv verhalten, sondern muß entsprechend reagieren und wirkungsvoll auftreten können.

Es gibt Zeiten, in denen er sich passiv, mit Verständnis – wenn man dieses Wort im richtigen Sinne versteht, kann man auch sagen, mit ›Liebe‹ – verhalten muß; der Mensch ist gehalten, sich hinabzubeugen und sich demütig zu geben.

Aber wenn dies nicht genügt, muß er wirkungsvoll handeln. Er muß beweisen, daß er nicht nur in geistigen, sondern auch in materiellen Dingen ein Mensch mit hohem Wirkungsgrad sein, daß er hier genauso wie jeder andere handeln kann. Noch mehr: Er sollte hier den anderen sogar überlegen sein, denn er verfügt über zusätzliche Elemente!

Wir sehen, daß ein Mensch, der sich in einer geistigen Entwicklung befindet, dabei auch ›normalen‹ Problemen unserer irdischen Welt ausgesetzt ist. Solche Probleme können vom Höheren Bewußtsein gewollt sein, es kann sich aber auch um Vorgänge handeln, die einfach mit der äußeren Dualität zusammenhängen.

Wir können uns hier auf der Ebene der Materie nicht vertrauensselig, völlig frei und unbelastet bewegen, denn wir befinden uns auf der Ebene der Dualität. *Und eine Kraft, die in die eine Richtung wirkt, schafft automatisch, immer karmisch bedingt, die entsprechende Gegenkraft.*

Sobald die Energie des Höheren Bewußtseins in die Materie eindringt, erzeugt dies Gegenkräfte. Diese sind, so kann man sagen, Kräfte der Finsternis. Aber sagen wir doch besser: Kräfte der Materie. Sie richten sich gegen das Neue Bewußtsein; sie kämpfen, um zu verhindern, daß die Neue Energie in die Materie eindringt.

Wir müssen uns vor Augen halten, daß unsere äußere Welt ein ständig aktives Schlachtfeld ist. Und es findet ein Kampf statt, ein Kampf zwischen dem Leben und dem Tod. Wir werden geboren, und wir sterben. Es gibt die Jahreszeiten: Der Sommer ist das Leben, und der Winter ist der Tod. Alles in der Natur lebt – und alles in der Natur stirbt. Bei den Menschen sind es die Gefühle, die kommen und wieder gehen, und die Taten, die getan werden und wieder vergehen.

Und jemand, der nicht mit dieser äußeren Welt und mit diesen äußeren Taten konfrontiert wird und der sich deshalb nicht verteidigen kann, bleibt ein unvollständiger Mensch – und vor allem, er kann sich geistig nicht weiterentwicklen!

Wir haben von der geistigen Welt die Vorstellung einer mysteriösen, wundervollen Angelegenheit. Alles sei rosig oder golden, meinen wir. Das stimmt zwar – aber es gilt eben nur für die dortige Welt!

Hier in dieser jedoch, in unserer Welt, sind wir in der Welt der Relativität und des Todes! Und das Göttliche, das sich auf der Erde verkörpern will, ist automatisch diesen Kräften ausgesetzt – und zwar über Personen, die selbst gar nichts Besonderes wollen. Doch durch okkulte Vorgänge und durch gewisse geistige Mächte, auch aufgrund von Umständen, die durch das Gesetz des Karmas bestimmt sind, werden diese Personen zu Widerständen!

Deswegen sollte man auch vorsichtig sein, wenn man ›helfen‹ will. Man kann anderen nicht immer helfen. Das geht nur unter bestimmten Umständen, dann wenn es zum Beispiel vorteilhaft ist für eine größere Anzahl von Personen oder wenn besondere Aufgaben der Entwicklung gelöst werden sollen. Es ist nicht immer notwendig, nicht nützlich und deshalb auch nicht zu empfehlen, von jemandem Karma zu übernehmen, damit dieser seine eigene Entwicklung verkürzt.

Man kann und sollte sich nicht immer wieder mit Problemen anderer belasten und sich damit selbst Gefahren aussetzen. Man sollte auch nicht nur passives Werkzeug sein und sich nicht darauf beschränken, nur für andere da zu sein, ohne jemals etwas zurückzubekommen – denn auch das widerspricht den Gesetzen! Das Mindeste was man zurückerwarten kann, ist Anteilnahme und normale menschliche Wärme.

Doch, so ist das Leben. Wir leben in einer Welt, die eben nicht nur herrlich ist. Es gibt Momente, wo alles wunderbar ist – wenn das Höhere Bewußtsein da ist, wenn uns das Höhere Bewußtsein die andere, die einfache und schöne Seite des Lebens mit ihm zusammen zeigt.

Doch wir leben in einer Welt, die schwierig ist, wir leben unter Verhältnissen, die nicht immer angenehm sind. Deswegen gibt es auch Zeiten, in denen das Höhere Bewußtsein von uns verlangt, zu handeln und wirkungsvoll in der Materie tätig zu sein.

Sonst wäre das Höhere Bewußtsein keine wirkungsvolle Kraft, und jeder könnte sich erlauben zu sagen: ›Nun ja, wenn Sie sich damit beschäftigen, mag das ja ganz gut für Sie sein – aber sehen Sie mich an. Ich bin hier eben doch stärker als Sie, bin sogar viel stärker als Sie. Und was wollen Sie mit Ihrem ganzen ... !«

Das Höhere Bewußtsein will in der Welt der Materie tätig sein, es will in der Dualität tätig werden! *Und der Mensch soll ein vollkommener Mensch werden, ein Mensch beider Welten, ein ganzer Mensch!«*

»Wir leben gleichzeitig in zwei Welten. Wir müssen also die Gesetze dieser unserer Welt respektieren – aber zusammen mit diesem ›Dahinter-Sehen‹, mit dem Wunsch, mehr zu fühlen und mehr zu sehen und soweit als möglich die Gesetze der ›anderen Welt‹ zu praktizieren.«

14

Das Handeln in der Materie

»Wenn wir uns entwickeln, bringt das automatisch neue Probleme und Schwierigkeiten mit sich. Wenn wir uns weiterentwickeln, wenn sich unsere Seelenschwingung erhöht, kommt unser physischer Körper, die ›Körperschwingung‹, nicht so schnell nach. Der Körper muß aber die Probleme bewältigen. Dort greift das irdische Karma an.

Denn das Ego hängt mit dem physischen Körper zusammen und darum mit unserem Leben auf dieser Erde. Solange wir ein normales irdisches Leben leben, arbeiten wir an unserem Ego, bauen wir Karma ab. Die Entwicklung findet also im normalen Leben statt, im Beruf, im sozialen Leben, im Familien-Leben …«

»Widerstände sind nicht nur negativ zu sehen. Sie haben auch ihre positive Seite. Man kann sich nicht weiterentwickeln, wenn es keinen Widerstand gibt. Widerstände sind etwas, was in uns arbeitet, sind Gefühle, Ideen, Voreingenommenheiten ... Und alles das hängt mit der Materie, mit dem Ego zusammen. Die Materie stellt einen Widerstand für die geistige Entwicklung dar. Und diesen Widerstand müssen wir lernen zu überwinden.«

Die Widerstände und die Entwicklung

»Leben heißt sich entwickeln. Und Entwicklung heißt Widerstände überwinden, Probleme lösen, jeder seine eigenen Probleme. Ein normales menschliches Leben besteht darin, eine bestimmte Anzahl von Problemen zu lösen, die nur diesem Individuum auferlegt sind. Und die individuelle Entwicklung schreitet in dem Maße voran, wie es gelingt, diese Probleme zu bewältigen.

Nun tritt eine neue Energieart auf den Plan, eine Energieart, die uns die Möglichkeit gibt, uns schneller zu entwickeln. Und so treten auch die Probleme in kürzeren Abständen auf. Es kommt schneller zu neuen und größeren Problemen, die überwunden werden wollen. Was man im Allgemeinen nicht erwartet; man fragt sich vielmehr: ›Wozu das alles, welchen Fortschritt habe ich gemacht, wenn die Probleme nicht geringer, sondern größer werden ...?‹

Doch denken wir daran: Der Körper soll sich dem Wollen der Seele unterordnen, wozu er erst bereit ist, sobald er ›rein‹ ist. Und die Reinigung findet statt, indem er *seine* Probleme, *seine* Widerstände überwidet.

Wir dürfen nicht vergessen, daß die Ursachen für die Probleme nicht in der Außenwelt zu suchen sind, nicht bei den anderen, nicht in der Politik, nicht in den Umweltverwüstungen und so weiter.

Die Ursachen für unsere Probleme liegen vielmehr *in* uns, in jedem einzelnen von uns! Das ist unser Karma.

Und es geht um jedermanns eigenes Karma, und jeder muß sein eigenes Karma auflösen. Dazu muß er sein Leben *leben,* er darf sich nicht in eine Ecke zurückziehen.«

»Aber es geht doch nicht nur um die Reinigung des Körpers, sondern auch um die der Seele, die des Geistes?«

»Selbstverständlich. Alles das hängt jedoch zusammen. Der physische Körper ist der Teil von uns, der sich am stärksten verdichtet hat. Die anderen ›Körper‹ aber sind ebenfalls betroffen. Alles ist eins. Und was wollten wir selbst tun, um unsere Seele zu entwickeln? Es geht derzeit um die Probleme unseres Egos, es geht um die Transformation des Körpers.«

> *«Und es geht darum, daß unser Karma gelebt wird. Das Karma kann allerdings nur gelebt werden, wenn man etwas tut. Die Schallplatte unserer Persönlichkeit muß sich drehen. Ihre Rillen können nur dann flacher werden, wenn sich die Platte dreht, wenn die Musik unserer ›Persönlichkeit‹ gespielt wird. Hält man die Schallplatte an, gibt es keine Entwicklung mehr.«*

Die höhere Sensibilität

»Den physischen Körper zu entwickeln heißt, sensibler zu werden. Nun passiert heute normalerweise folgendes: Die Seele entwickelt sich, aber der Körper folgt nicht mit der gleichen Geschwindigkeit. Dabei soll sich der Körper mit der gleichen Geschwindigkeit entwickeln, soll er *sensibler werden.* Die Sensibilität seines Nervensystems soll vergrößert werden, die seiner physischen Nerven. Das ist die Transformation.

Die Transformation findet statt auf dem Niveau des physischen Körpers, dem der physischen Nerven, des zentralen Nervensystems, des Gehirns, des Rückenmarks, jener Nerven, die die Bewegungen der Muskeln dirigieren.

Transformation der Materie heißt unter anderem, die Sensibilität des gesamten Nervensystems zu erhöhen.

Aber ein sensibleres Nervensystem zu bekommen, schafft Probleme. Sensibler zu werden, bedeutet ja: man stößt sich und es tut weh, es bringt Leiden. Sich rascher zu entwickeln, heißt oftmals, mehr leiden zu müssen, unter physischen Bedingungen leiden zu müssen. Eine größere Sensibilität des Körpers bringt höhere Körperschwingungen, bringt ein Fortschreiten der Transformation des Körpers, verursacht Probleme.

Andererseits soll das Leiden nicht gesucht werden. Man entwickelt sich nicht fort, wenn man am falschen Ende anfängt. Die Transformation der Materie ist ein chemischer Prozeß, ein chemisch-physiologischer Prozeß, der von ganz allein funktioniert aufgrund der hochfrequenten Energien – *heute*. Voraussetzung dafür ist, daß man dem normalen täglichen Leben nicht entflieht.

Aber sich entwickeln heißt auch, bewußter zu werden, das normale Leben bewußter zu leben.

Und dieser Prozeß des Bewußtwerdens findet im Verlauf des Tätigwerdens in der Materie statt. Während des Handelns treten automatisch Widerstände auf, bekommt man Reaktionen zu spüren – und Fragen tauchen auf.

Und diese Fragen werden beantwortet. Vielleicht nicht sofort, aber eines Tages werden die Antworten kommen. Und dann wird auch der Sinn dahinter verständlich, wird der rote Faden deutlich, leben wir unser Leben bewußter.

Fortentwicklung bedeutet höhere Sensibilität. Und sensibler zu werden, bedeutet auch, früher zu bemerken, wenn eine Handlung falsch ist. Oft werden wir dabei feststellen, daß wir ein und denselben Fehler wiederholen, wobei wir immer sogleich erkennen, daß es sich bei dem, was wir tun, um einen Fehler handelt.«

»Wir wissen, daß etwas falsch ist, und
tun es trotzdem?«

»Wir handeln aus zwei Gründen; entweder noch aus den alten Beweggründen unseres Egos, eben unseres Mentals und so weiter, oder schon aufgrund von Impulsen der Intuition. Doch nicht immer erkennen wir schon rechtzeitig, aus welchem der beiden Gründe wir handeln.

Nehmen wir an, wir führen eine Handlung aus, die noch von unserem Ego motiviert worden ist. Sind wir sensibel und bewußt, dann erkennen wir schon, während wir eine Handlung ausführen, daß sie falsch ist. Allerdings ist dieses Wissen dann noch nicht bestimmt und deutlich genug; und so führen wir die Handlung trotzdem aus. Erst hinterher wird uns ganz klar, daß es eine falsche Aktion war, die wir da durchgeführt haben.

So werden wir immer mehr lernen, uns sozusagen selbst zu beobachten. Unser Körper tut etwas, motiviert von der Außenwelt, vom Wollen unseres Egos, das heißt im allgemeinen vom Wollen unseres Mentals – und unser Inneres Selbst sieht zu. Wir beobachten die Handlungen unseres Körpers und erkennen immer klarer die Ursachen dieser Handlungen. Wir werden zum stillen Beobachter.

So sammeln wir Erfahrungen – durch unser Tun. Es wächst unser Verständnis. Und wir lernen vor allem, neutral zu bleiben. Denn dieses stille Beobachten funktioniert nur, wenn wir innerlich neutral bleiben.

Wir werden auch feststellen, daß wir immer die gleichen oder immer den gleichen Fehler machen. Diesen bestimmten Fehler zu machen, ist unser individuelles Karma.«

»Diesen Fehler zu machen?«

Ja, drei-, vier-, zehnmal denselben Fehler zu machen, das ist Karma. Und dieses Karma ist nicht überwunden, solange wir diesen Fehler machen, solange unser Ego den Wunsch hat, diese Handlung noch einmal auszuführen.

Erst wenn dieser Wunsch immer schwächer wird ... und unser Inneres Selbst immer klarer sieht ... und unser Inneres Selbst immer mehr die Steuerung für unsere Handlungen übernimmt – unser Inneres Selbst, das Höhere Bewußtsein, die Energie von ›dahinter‹ –, dann sind wir auf dem Wege, diesen Punkt unseres Karmas zu überwinden.«

Die Harmonie

»Man spricht so oft von Harmonie, von einem harmonischen Leben und so weiter. Harmonisch zu sein, harmonisch zu handeln, das ist wichtig – aber harmonisch in Bezug auf was? Im allgemeinen wird verstanden, daß man ›in Harmonie handelt‹ oder ›harmonisch ist‹, wenn

1. die eigenen Wünsche befriedigt sind,
2. der Verstand zufriedengestellt ist und
3. entsprechend den eigenen egozentrischen Vorstellungen gehandelt wird.

Sofern dies der Fall ist, glauben wir, es herrsche Harmonie. Das ist es, was *wir* unter Harmonie verstehen.

Aus der Sicht des Höheren Bewußtseins sieht das allerdings anders aus: *Harmonie ist dann erreicht, wenn eine Handlung in Übereinstimmung mit einer ›Öffnung‹ geschieht, wenn der Wille dieser kosmischen Kraft erfüllt wird – mit Hilfe des menschlichen Individuums, aber ohne seine persönlichen Wünsche und Vorstellungen!*

So gesehen ist Harmonie dann erreicht, wenn in der Materie gehandelt wird – aber im Dienste dieser Energie, in Harmonie mit diesen Kräften!

Die Energien, die heute auf die Erde einwirken, entspringen anderen Gesetzen; sie gelangen hier zu uns, zu Menschen mit anderen Regeln. Natürlich ruft so etwas Unruhe, Verwirrung und – anscheinend – Zerstörung hervor. Es wird etwas aus dem Gleichgewicht gebracht. Auf alle Fälle aber wird eine Änderung unseres Verhaltens, eine Änderung aller durch uns hervorgerufenen Abläufe bewirkt.

Wir können derzeit nur handeln nach unseren, nach den bisherigen ›menschlichen‹ Gesetzen, denn wir sind Menschen. Wir sind noch nicht in der Lage, nach den ungewohnten, neuen Gesetzen zu funktionieren. Denn diese sind nichtmenschlich. Wir können aber versuchen, mit den Gesetzen zusammenarbeiten:

Anfänglich arbeiten wir nur nach unseren Gesetzen, später nach unseren Gesetzen und ein klein wenig unter Beachtung der neuen Gesetze. Wieder etwas später versuchen wir, noch mehr in Harmonie mit diesen neuen Gesetze zu leben – auf Kosten unseres bisherigen Funktionierens. Bis dann eines Tages beide Handlungsweisen zusammenwachsen und beides zusammen funktioniert.

Es handelt sich dabei um ein kontinuierliches Verlernen und Neulernen, ein Zerstören und Neuaufbauen, ein ständiges Neuanpassen und immer wieder Neu-dazu-Lernen. Hier gibt es keine Grenzen. Nie werden wir sagen können: ›So, jetzt ist es geschafft, ich habe verstanden …‹ Es geht immer weiter, ohne Ende …«

»Zuerst muß man offen sein für die Intuition, um danach seine irdische Erfahrung zu benutzen, die Intuition in der Materie zu realisieren.«

Das normale Leben

»Die eigentliche Transformation beginnt immer ganz unten, also im Umgang mit der Materie. Dort fühlen wir intensiver. Wenn wir zum Beispiel nichts zu essen haben, dann spüren wir den Hunger. Wie wissen dann, was das ist, und verstehen, was daraus entstehen kann.

Deswegen ist das Tun, das Arbeiten so wichtig. Allerdings, wenn ich sage ›arbeiten‹, ist das mißverständlich. Es sollte heißen ›handeln‹. Es geht um das Tun – und die Menschen verstehen darunter im allgemeinen ›arbeiten‹.

Wir müssen etwas tun und aktiv sein. Denn tun wir nichts, so lernen wir nicht zu fühlen. Und fühlen wir nicht, so wird unser Nervensystem nicht sensibler.

Dabei geht es nicht um eine Frage des mentalen Lernens, des Lernens, wie man zum Beispiel einen Ast absägt oder Geschirr spült. Dieses Lernen nützt in diesem Zusammenhang nichts. Es zählt nur, daß man erfühlt, was geschieht, wenn man es tut. Äußerlich gesehen ist es zwar dasselbe, aber es gibt da den Unterschied, daß man in dem einen Fall mit dem Kopf arbeitet und daß man das andere Mal mit dem Nervensystem etwas erfühlt.

Es gibt den materiellen Körper, und es gibt den anderen Körper. Beide sind derzeit noch getrennt voneinander. Aber sie wollen zusammenwachsen. Und wie wachsen sie zusammen? Durch das Handeln, durch das Fühlen, durch die Erfahrung, durch die Praxis!

Dann werden unsere materiellen Augen tagtäglich geübt, neue Dinge zu sehen, neue Gegenstände zu erfassen, neue Umstände zu beobachten; was uns wiederum dazu zwingt, sensibler zu werden.

Und die Neue Energie in uns ist dabei, sie geht mit, fühlt mit! Von Mal zu Mal gestaltet sich diese Verbindung beider Welten enger und enger – um eines Tages eins zu werden.

Um vollständig im Sinne des Höheren Bewußtseins leben zu können, damit dieses Bewußtsein bis in die letzten Zellen der Fingerspitzen, der Augen, der Zunge, der Ohren gelangen, damit diese Sensibilität überall sein kann, dazu muß die ›Schale des Egos‹, müssen die fünf Sinne des Egos immer und immer wieder die vielen Impulse und Gefühle um sich herum aufnehmen.

Es ist dies eine ständige Schulung, eine Schulung, die die äußeren Sinne wieder und wieder durchmachen: neue Formen, neue materielle Gegenstände, neue Worte. Und alles geschieht beim täglichen Tun, beim Hobeln, beim Schreiben, beim Geschirrspülen, beim Saubermachen, beim Sprechen, beim Spazierengehen.

Deswegen ist das normale Leben so wichtig, muß man im normalen Leben bleiben. Es geht um den physiologischen Mechanismus, und dieser ist notwendig! Es handelt sich nicht nur um einen nützlichen Mechanismus, sondern um einen notwendigen.

Man muß immer bewußt fühlen, wie eine Tür funktioniert, wie ein Schloß funktioniert, wie man eine Glühbirne auswechselt. Es ist nicht damit getan, daß man sagt: ›Oh, die Birne ist kaputt. Hallo, kommen Sie doch bitte und reparieren Sie das.‹ So findet keine Entwicklung statt. Wir müssen selbst das Gefühl dafür bekommen.

Es ist ein ständiges Bemühen, bis es so weit ist, bis das Höhere Bewußtsein direkt in der Außenwelt tätig sein kann ... Es wird so oft unterstellt, daß persönliche Weiterentwicklung verbunden sei mit einer Trennung vom normalen Leben. Das ist falsch verstanden.

Im Gegenteil: Je weiter man sich entwickelt, um so mehr muß man den Kontakt zur materiellen Welt erhalten! Und deswegen auch ist eine geistige Entwicklung nicht getrennt zu sehen von normalen privaten und beruflichen, das heißt materiellen Angelegenheiten.«

»Man kann die rein spirituelle Seite des Lebens nicht trennen von der materiellen, der konkreten Seite. Man kann nicht sagen: Es gibt das Materielle, und es gibt das Spirituelle. Das Materielle, das Konkrete ist das Spirituelle. Und das Spirituelle ist das Konkrete.«

Das Meditieren

»Es gibt Leute, die sagen: ›Ich kann nicht arbeiten, ich muß meditieren‹. Das sind Phantasien. Das Höhere Bewußtsein bedeutet Arbeit!«

«Also nicht meditieren?«

»Wenn man schon meditieren will, dann sollte man es richtig machen: vierundzwanzig Stunden täglich. Dann geht man in seine Zelle und meditiert, ißt und trinkt kaum und hat keine Wünsche, dann verschwindet das Ego ... Aber so etwas sind Ausnahmefälle, die nur noch selten angebracht sind.

Der wirkliche Mechanismus des Höheren Bewußtseins heute ist Arbeit! Vierundzwanzig Stunden täglich und keine Pause; vierundzwanzig Stunden täglich unseren inneren Impulsen folgen; dort wo wir sind, in unserem Leben, in unserem Schicksal.

Früher suchte man zum Meditieren, zum In-sich-Versenken, bestimmte Orte, Zentren, Ashrams auf. Heute ist die ganze Erde ein Ashram!

Was geschieht bei der Meditation? Bei der Meditation steigen die Vibrationen; man hat bestimmte Erlebnisse, und die Versuchung ist groß zu denken, daß man sein Ziel erreicht habe. Der Meditierende ist nämlich auf seine Erlebnisse fixiert, und es besteht die Gefahr, daß er dadurch ›aus dem Rennen ausscheidet‹! Dann kann die Erfahrung, ›Lichter gesehen zu haben‹, die eigene Entwicklung blockieren.

Man ist nur solange in Bewegung nach vorn, als man sich, erwartungsvoll und nicht festgelegt, auf dem Weg des Abenteuers befindet.

Oft stellt man sich vor, daß jemand, der geistig weit entwickelt ist, besondere spirituelle Erlebnisse haben muß. Weit gefehlt! Je weiter man entwickelt ist, um so weniger gibt das Höhere Bewußtsein Beweise!

Das Gegenteil passiert, es gibt um so mehr Probleme und Zweifel, es werden um so mehr kleine Steine in den Weg gelegt, damit der wirkliche Mechanismus ablaufen kann!

Ich kann nicht oft genug sagen: Je weiter wir uns entwickeln, um so mehr sind wir verpflichtet, nach unten zu gehen –

dorthin, wo das Ego am stärksten ist – und mit dieser Ebene, mit Menschen mit starkem Ego Kontakt zu halten.

Solange wir meditieren und entsprechend sensibel sind, halten wir uns im ›Reich des Höheren Bewußtseins‹ auf, was ganz schön ist, so lange wir dort sind. Doch irgendwann kommt der Moment, wo wir wieder ›auf den Boden‹ zurück müssen. Dann gibt es Probleme der Anpassung an die anderen, an die, die ›unten‹ geblieben sind.

Je weiter man sich ›nach oben‹ entwickelt, um so weiter muß man wieder ›herunterkommen‹. Das ist das Gesetz der Evolution.

Was also tun? Meditieren oder nicht meditieren? Aktiv sein oder nicht aktiv sein? Das kann jeder nur für sich selbst beantworten, dann wenn er auf sein eigenes Inneres hört. Einmal fühlen wir uns imstande zu handeln, also handeln wir. Dann haben wir recht und liegen richtig, und niemand kann und sollte uns davon abhalten. Ein anderes Mal wieder fühlen wir, daß es wohl besser wäre, nichts zu tun – dann tun wir eben nichts.

Das ist eine Frage der Energie und des Gleichgewichts, mal so, mal so. Und dazu gibt es heute die Zyklen. Wir brauchen nur den Zyklen zu folgen!

Während der Meditation hält man Verbindung zum Höheren Bewußtsein. Das ist heute jedoch überall möglich. Da gibt es viele Menschen, die möchten gerne meditieren. Sie versuchen es, aber sie können es nicht, weil sie keine Zeit haben;

sie müssen sich um ihren Beruf kümmern und um ihre Familie, haben ihre Sorgen und Probleme. Diese Leute sagen: ›Meditieren, schön und gut; aber ich kann es mir nicht leisten. Ich würde es sehr gern tun, aber ...‹.

Ist es für diese Leute nicht gut zu wissen, daß sie all diese Meditationstechniken nicht brauchen, *nicht mehr* brauchen? Daß es heute möglich ist, vierundzwanzig Stunden täglich zu meditieren, während der Arbeit – wenn man bereit ist, offen ist, hinhorcht ...

Es geht heute um die Transformation der Materie. Und Arbeit ist für die Tranformation des Körpers ein unbedingt notwendiges Element.«

Das Tun mit Perfektion

»Doch es spielt beim Tun der Begriff der Perfektion eine Rolle: *Man sollte bemüht sein, das was man tut, perfekt zu tun.* Führt man eine Arbeit perfekt, sehr präzise, sehr exakt aus, und erledigt man sie mit Intuition – mit der großen Kraft von ›dahinter‹ –, dann äußert sich da der Mechanismus der Transformation der Materie.

Aber genauso kann man eine sehr perfektionierte Arbeit tun, ohne daß sie irgend etwas mit der Transformation zu tun hat. Das Höhere Bewußtsein ist dabei, oder es ist nicht dabei.

Das hängt von der Qualität der Energie ab, mit der man etwas tut; und das hängt von den Zyklen ab, vom Moment.

Ist die Energie dieses Bewußtseins dabei, dann handelt es sich immer um eine Kraft, die mit Perfektion wirkt. Die Neue Energie ist Perfektion, ist Mathematik, ist Präzision. Perfektion in der Materie – mit der Kraft von dahinter!«

Die Vorsicht und die Angst

»Wenn wir etwas tun, sollten wir es vorsichtig tun. Doch bezüglich der Vorsicht kann es leicht Mißverständnisse geben. Ich meine nämlich hier nicht die normale menschliche, mentale Vorsicht, deren Basis die Angst ist und damit die Beschränkung. Nein, um diese Angst geht es nicht. Sofern wir mit der Neuen Energie handeln, handeln wir aus einer anderen Haltung heraus. Wir können alles tun und alles erreichen. Aber wir handeln dabei aufmerksamer, intuitiver, weicher, behutsamer, einfühlsamer, fast möchte ich sagen: mit Bescheidenheit und Ehrfurcht.

Diese Haltung hat allerdings nichts mit Passivität zu tun. *Die richtige Haltung ist die der Aufmerksamkeit.* Bei dieser sind wir durchaus aktiv, sind wir bereit zu ändern, bereit uns anzupassen. Wir sind aufmerksam, und wenn es notwendig wird, momentan etwas zu forcieren, dann sind wir dabei!

Doch ebenso sind wir auch bereit zu einer Änderung. Wir halten an ... wir machen weiter ... wir folgen den inneren Impulsen. Wir folgen dabei der inneren Funktion und nicht dem Mental, gehen nicht voran mit der vollen Wucht unseres Egos!

Folgen wir der inneren Funktion, dann schließen wir uns einer allgemeinen Funktion an, einer größeren Bewegung, die von ›dahinter‹ kommt. Wir folgen dann sozusagen einer Meereswelle – mit der ganzen Kraft von ›dahinter‹. Dann geht alles einfach, alles ist dann da, alle Voraussetzungen sind geschaffen …

Also, Weichheit: ja, Sensibilität: ja, Vorsicht: ja! Aber Angst … nein! Hier geht es um das Gegenteil. *Angst ist mangelndes Vertrauen.* Die Energie ist doch da, und wir verfügen über die Kraft von ›dahinter‹. Sobald wir diese Kraft in uns spüren, sind wir super-aufmerksam, sind wir hellwach … und bereit zu jeder Handlung … Aber dabei immer behutsam und jederzeit bereit anzuhalten.«

»Oft ist es aber einfach nicht möglich, so zu handeln, wie man spürt …«

»Und gerade deswegen ist Vorsicht am Platze. Weil wir uns in der Materie bewegen, müssen wir uns dieser gegenwärtigen gesellschaftlichen sozialen Maschinerie anschließen, sind wir gezwungen, Pläne zu machen und uns zu engagieren.

Doch wenn wir das tun, dann ohne Angst, ohne Emotionen! Dafür mit Mut, mit Kraft, mit Herz, mit viel Herz! Auch mit Mental meinetwegen, mit Verstand, mit Überlegung ...

Doch sehr aufmerksam dabei sein, jederzeit bereit sein anzuhalten, zu ändern, die Richtung zu wechseln ... anzuhalten, abzuwarten ... und, wenn es wieder so weit ist, weiterzumachen! ... Das ist der Mechanismus, so funktioniert es.

Wir müssen in zwei Welten gleichzeitig leben. Es gibt keine andere Möglichkeit. Wir müssen auch die Gesetze dieser Welt leben – noch –, aber mit einer anderen Sicht, mit einer höheren Sensibilität. Und gleichzeitig müssen wir versuchen, die Gesetze der Neuen Welt zu praktizieren.

Und dabei müssen wir Mut haben zu Fehlern. Aus Fehlern lernt man. Wir müssen die Erfahrung machen, wie diese Neuen Gesetze in unserer heutigen Welt umzusetzen sind, damit diese Gesetze zu einem Teil unseres bewußten, täglichen Lebens werden können.

Keine Angst also vor Fehlern! Nicht immer alles richtig machen wollen, sich selbst nicht so wichtig nehmen. So wichtig sind wir nicht ...

Und immer müssen wir wach sein und bereit, rasch zu reagieren. Ziel ist es, die Forderung der Neuen Energie in die Praxis umzusetzen. Wir sollten also die Möglichkeit haben, die Impulse des Höheren Bewußtseins zu konkretisieren. Und das muß manchmal schnell geschehen.

Stellen wir uns einmal vor, unser Leben stünde auf dem Spiel; wir müßten sofort handeln und hätten keine Zeit zu verlieren. Sobald wir den Impuls spüren, wissen wir, ›ich muß gehen‹. – Dann sollten wir aber auch gehen!«

»Also bereit sein und sich nicht unnötig festlegen ...«

»Ja, es ist unser Mental, welches den raschen Wechsel erlaubt – oder nicht erlaubt. Es ist die Haltung unseres Mentals, welche gegebenenfalls bremst. Haben wir ein anpassungsfähiges, weiches Mental, dann besitzen wir ein Instrument, welches funktioniert.

Tritt etwas Unvorhergesehenes ein und müssen wir rasch reagieren und fangen wir dann erst an, einen inneren Impuls zu analysieren und zu überlegen, weil wir ja nicht wissen, warum er erfolgt, dann kann es zu spät sein.

Das Mental muß anpassungsfähig sein und es möglich machen, einen Impuls sehr schnell in der Materie zu konkretisieren!«

»Wenn man den Sachverhalt etwas kennt, muß man sagen, daß man vorsichtig vorangehen und dabei sehr aufmerksam sein sollte. Es geht um etwas Ernsthaftes, auch wenn wir es nicht zu ernst nehmen sollten. Wir brauchen es nicht zu dramatisieren, aber wir sollten auch nicht zu naiv und leichtfertig vorgehen ... Es passiert etwas ... man muß es selbst erfühlen ...«

Die Materie wehrt sich

»Doch nicht immer ist es einfach, einen inneren Impuls spontan in die Tat umzusetzen. Wollen wir einen solchen, einen aus einer anderen Dimension kommenden Impuls in der Materie konkretisieren, kann es zu enormen Widerständen kommen.

Stellen wir uns eine bewußte, lebendige Macht vor, die in den Bereich einer anderen, in den des ... Gegenspielers eindringen will. Das ist ein unglaublicher Prozeß, der sich da abspielt – und er erzeugt erheblichen, sehr realen Widerstand!

Die Materie befindet sich in einem Prozeß der Veränderung. Sie verhält sich anders. Wenn man den Sachverhalt etwas kennt, muß man sagen, daß man vorsichtig vorangehen und dabei sehr aufmerksam sein sollte. Es geht um etwas Ernsthaftes, auch wenn wir es nicht zu ernst nehmen sollten. Wir brauchen es nicht zu dramatisieren, aber wir sollten auch nicht zu naiv und leichtfertig vorgehen ... Es passiert etwas ... man muß es selbst erfühlen ...

Für das Höhere Bewußtsein ist es schwierig, direkt in die Materie einzugreifen. So etwas bringt große Widerstände hervor. Die Materie ist zwar ein Teil des Höheren Bewußtseins, aber sie ist der gegenüberliegende Pol zum Geistigen. Wenn das Höhere Bewußtsein direkt eindringt, gibt es Widerstände und Probleme.

Die Materie ist sich *bewußt,* daß hier eine Kraft wirkt, die anders ist, die sie nicht kennt und nicht gewöhnt ist. Auch die Materie ist eine Kraft.«

»Darf man die Kraft der Materie als eine Art Seele dieses Planeten verstehen?«

»Das ist möglich.«

»Darf man dann sagen, daß dieser Planet lebendig ist?«

»Gewiß, alles lebt! Von einem gewissen Standpunkt aus gesehen, ist alles lebendig. Auch unser Planet ist ›jemand‹, ist lebendig. Und unser Körper ist ein Teil der Kraft der Natur: der Erde, des Feuers ...

Doch das hat alles nichts mit dem zu tun, was von ›dahinter‹ kommt.«

Die negativen Kräfte.

»Diese Energie von ›dahinter‹ löst, wird sie in der Materie aktiv, entgegengesetzte Kräfte aus. Sie übt ja Druck aus, und es gibt Wesen, die okkulte Kräfte besitzen und die sich wehren gegen die neue Energieart.«

»Gibt es konkrete negative Kräfte?«

»Selbstverständlich gibt es negative Kräfte, die nur darauf warten, unsere Evolution zu bremsen. Es sind Gegenkräfte, die destruktiv und dabei sehr konkret sein können. Denn alles hat zwei Seiten, und *es gibt keine Konstruktion ohne Destruktion.*

Und diese Kräfte können sich unseres Wollens und unserer physischen Möglichkeiten bedienen. Wir wollen zum Beispiel etwas tun, und plötzlich – tun wir genau das Gegenteil. Oder wir haben genau das Gegenteil erreicht von dem, was wir ursprünglich erreichen wollten …

Wir sollten im Auge behalten, daß es negative Kräfte gibt. Aber es ist nicht erforderlich, sich immer wieder zu fragen, ob nun zum Beispiel hier oder dort negative Kräfte tätig sind. Manche Leute beschäftigen sich gern damit.

Sind wir intuitiv, dann durchqueren wir alles – auch alle mentalen Konstruktionen und Gefahren. Wir verfügen dann über den direkten Kontakt.

Allerdings, für die Praxis ist es wichtig zu wissen, daß sich diese negativen Kräfte nicht nur unseres eigenen Egos bedienen, sondern auch auf andere Menschen einwirken, und zwar über deren Ego, also über deren Gefühle, Wünsche, und vor allem über deren Mental, um bestimmte Entwicklungen zu beeinflussen oder zu bremsen.

Manchmal werden Personen ›mitgenommen‹ und bilden ein labiles negatives Potential, das sich dann konkretisiert in der Aktion einer Person, die sich dessen gar nicht bewußt ist. So kann sich jemand, der ganz normal, freundlich, hilfsbereit ist, plötzlich gegen ein Vorhaben oder eine andere Person mit einer Energie und einer Aggressivität wenden, die völlig unerwartet und völlig unerklärlich ist.

Dazu kann es kommen, weil es dahinter andere gibt, drei, vier, ... zwanzig, ... fünfzig Personen, die unbewußt ein negatives Potential ansammeln, welches sich dann entlädt über eine Person.

Doch spielt hier auch das Karma hinein und das Ego der betreffenden Person ...

Gegen so etwas gibt es nur einen Schutz: ›in Null‹ sein, aufmerksam und dabei entspannt, intuitiv und bereit sein. ›In Null‹ sein heißt, ohne eigenes Wollen, ohne eigene Wünsche sein. Denn diese Kräfte bedienen sich ja unseres Egos, unserer Wünsche – und unseres Mentals!

Und wir sollten Vertrauen haben, sollten sagen: ›In mir wirkt eine Reine Energie, in mir ist Gott, ich kann mit ihm verkehren, mich mit ihm unterhalten. Ich bin in Harmonie mit ihm ... Ich bin in mir zentriert, aufmerksam, vertrauensvoll ... was soll mir schon passieren?‹.«

Das einfache Funktionieren

»Das Handeln in der Materie wird während der Übergangsphase, die inzwischen begonnen hat, zunehmend Probleme aufwerfen, Probleme der Zeit und solche der Energie.

Unsere heutige Industrie-Gesellschaft funktioniert ja mechanisch, also mit gleichbleibenden Zeitabläufen und gleichbleibender Energiezufuhr. Doch bekanntlich wird sich das ändern, da die Energie jetzt mehr und mehr in Abhängigkeit von den Zyklen zur Verfügung gestellt wird.

Bei ›Zyklus oben‹ zum Beispiel ist viel Energie vorhanden. Das Mental möchte etwas Bestimmtes tun. Doch der Mensch wird infolge der vorhandenen großen Energiemenge über das Ziel hinausschießen.

Beim ›Zyklus unten‹ ist das Gegenteil der Fall. Jetzt steht nicht genügend Energie zur Verfügung, um das Wollen des Mentals erfüllen zu können.

Diese Zyklen wirken sich aus bis in die täglichen Kleinigkeiten, zum Beispiel beim Einkaufen. Bei ›Zyklus oben‹ wird man mehr kaufen, als man sich vorgenommen hat, und bei ›Zyklus unten‹ weniger.

In der Industrie werden zum Beispiel bestimmte Arbeitsvorgänge zeitlich vorgeplant. Der Zeitbedarf für eine bestimmte Handlung wird aber in Zukunft nicht mehr konstant sein, sondern abhängig von der jeweiligen Zyklen-Phase.

Es gäbe viele Beispiele für derartige Schwierigkeiten, die in Zukunft immer deutlicher auftreten werden.

Auch das Mental selbst wird aufgrund des zyklischen Energieentzuges in Zukunft nicht mehr wie gewohnt funktionieren. Es wird immer mehr Phasen des individuellen mentalen ›Black-outs‹ geben.

So werden wir häufig beobachten, wie Menschen plötzlich Handlungen begehen, die völlig wirr, gänzlich unverständlich sind.

Wir können uns in Zukunft nicht mehr so selbstverständlich auf das richtige Funktionieren des menschlichen Gehirns verlassen.

Stellen wir uns da einmal die entsprechenden Auswirkungen auf die heutige komplizierte Industrie-Gesellschaft mit ihren hochkomplizierten Produktionsmechanismen und ihren eng verzahnten und genau aufeinander abgestimmten Abläufen vor ...!

Was ist die Konsequenz, wie können wir uns dagegen schützen? Wir können versuchen, die Auswirkungen zu reduzieren, indem wir die Abläufe, genau wie die von uns geschaffenen Gegenstände, ›narren‹sicher gestalten – im wahrsten Sinne des Wortes –, indem wir *unkomplizierte materielle Gegenstände und einfache, klare Funktionen verwenden.*

Das Leben sollte einfach sein und nicht mit diesen vielen komplizierten Verflechtungen und verwirrenden Abhängigkeiten ablaufen müssen.

Also immer das Einfache, das Schlichte, das Direkte!«

»Wir haben zwei Welten, die sich gegenseitig durchdringen: Die alte, die in den alten Gewohnheiten festgefahren ist – und die junge, die noch stammelt, die aber überall schiebt und drückt. In unseren menschlichen Augen scheint die alte Welt die stärkere zu sein, gut verankert seit Hunderten von Jahren. Aber Achtung, die alte Welt ist morsch, sie hat eine brüchige Kruste! Und die junge Welt, die rechts und links hervorsprießt, noch halb erstickt durch die Mechanik des Mentals, sie hat hinter sich alle Kraft des Universums.«

15

Ein Menschheitszyklus

»Sobald der Mensch, das heißt seine ›Seele‹, auf die Erde kommt, ist er nicht ›gerade‹. Er denkt zwar er sei es, doch er täuscht sich. Von dem Moment an, an dem unsere ›Seele‹ in einen irdischen Körper eintritt, sind wir ›verdreht‹, weil dieser Körper zwangsläufig ein irdisches Karma besitzt.

Das soll nicht etwa heißen, wir seien schlecht, sondern nur, daß wir, im Verhältnis zum Absoluten, nicht richtig liegen.

Das erste, was wir sagen sollten, wäre also: ›Ich verstehe zwar nicht warum, aber ich akzeptiere, daß ich nicht so bin, wie ich sein sollte – im Verhältnis zum Absoluten‹.«

Die Demut

»Was müssen wir tun, um ›gerade‹ zu werden? Da wir ›verdreht‹ sind, können wir uns ja nicht selbst gerade richten.

Wir benötigen also jemanden ›von außen‹, der das bewirkt …

Das nächste, was wir uns sagen sollten, ist demnach: ›Ich akzeptiere, daß ich mir *nicht* selbst helfen kann, und ich bin bereit, mir helfen zu lassen. Ich warte ab, daß eine Kraft von ›außerhalb‹ kommt, um mich ›gerade‹ zu richten‹.

Es ist schon eine wichtige Grundeinstellung, wenn ich etwas anerkenne, was sich ›außerhalb‹ von ›mir‹ befindet, etwas was mir überlegen ist und mir helfen möchte. Ich bin dann bereit, auch zu akzeptieren, daß nicht *ich* alles kann und alles bin. Ich bin dann demütig, vertrauensvoll und bereit, hinzuhorchen, zu lauschen auf dieses ›andere‹.

Nun ist das zwar einfach so; andererseits, was gibt es nicht alles, was uns von dieser einfachen Haltung abbringen will. Was bilden wir uns nicht alles ein, und was wird uns nicht immer wieder gesagt? Um uns zu ›verinnerlichen‹, um Anschluß an das ›dahinter‹ zu bekommen, müßten wir uns bemühen, heißt es. Wir müßten konstruieren, kalkulieren, meditieren, nachdenken, uns konzentrieren und so weiter.

Doch das Gegenteil ist der Fall. Wir sollen uns keinesfalls anstrengen, keinesfalls konzentrieren; wir brauchen uns nur zu entspannen, zu entkrampfen, Vertrauen zu haben, geschehen zu lassen.

Und vor allem sollten wir die gelernten Gedanken-Konstruktionen wieder vergessen können. Wir sollten verlernen, und alles wird viel einfacher sein.

Wenn wir geschehen lassen, durchfließen lassen, baut sich ein Potential anderer Energie in uns auf. In dem Maße, wie wir bereit sind, unser ›eigenes‹, bisheriges Potential kleiner werden zu lassen, um so mehr wächst das Potential der Neuen Energie.

Diese Energie handelt dann – oder sie handelt nicht. Sie antwortet auf unsere Fragen. Wie brauchen nur da zu sein, entspannt und bereit.

Nun gibt es sehr viele Menschen, die nur darauf warten, so etwas zu hören. Sie sagen sich dann: ›Ich bin eigentlich bei keiner Religion, ich bin bei keiner Sekte; ich erhalte auch keine andere spirituelle Ausbildung – ich muß vielmehr morgens zur Arbeit gehen, und ich komme erst abends zurück. Ich habe drei Kinder zu Hause, und ich habe viel zu tun ...‹

Diese Menschen würden staunend aufschauen und sich sagen: ›Dann wird mir ja geholfen, dann kümmert sich ja jemand um mich. Ich bin nicht allein, und ich bin glücklich, das zu wissen‹.

Diese Menschen würden sich freuen, sobald ihnen klar wäre, daß sie ebenfalls den Einflüssen geistiger Kräfte ausgesetzt sind, die sich um sie kümmern – auf die verschiedenste Art und Weise.«

»Mit diesen Kräften meinen Sie das das Höhere Bewußtsein?«

»Wir sagen, das Höhere Bewußtsein arbeitet, und wir stellen uns dann etwas Abstraktes vor, eine Energie. So ist es richtig – und so ist es auch wieder nicht richtig.

Das Höhere Bewußtsein ist recht konkret, es ist etwas Lebendiges, ist eine Person. Es wäre besser zu sagen, es ist ein Wesen, ein Geistwesen.

Es ist ›jemand‹, der dirigiert, dabei jedoch nicht alles selbst macht, sondern Aufträge und Hinweise gibt an verschiedene andere Geistwesen, die die Aufgaben dann ausführen. Das ist eine Vorstellung, die alle Religionen ohne Ausnahme vertreten, die lediglich uns heutigen, ›modernen‹ Menschen fremd geworden ist.

Aber es ist so: ›Oben‹ wird dirigiert. Von da ab geht es immer weiter nach ›unten‹, bis hinab auf die Ebene der Materie, auf die Erde. Dort wird gehandelt. Die ›da oben‹ … die sehen, wie sich alles dreht.

Und sind wir hier bereit, haben wir die ›Öffnung‹, die größere ›Atmung‹ – denn was zählt ist, daß wir eine größere ›Atmung‹ bekommen, daß wir von innen heraus wollen, das Bedürfnis haben, uns weiter zu entwickeln –, dann sind diese Wesen da, die das bemerken, die das spüren …

Doch dazu muß dieser Wunsch in uns stark sein, die entsprechende Bitte, fast möchte ich sagen, das entsprechende Gebet in uns. Erst dann rufen wir, klopfen wir an, an die Welt der Antworten … an die Daseinsebene, die uns die Antworten geben kann …

Wir Menschen denken, daß wir mit unserem Tagesbewußtsein und unserem Verstand alles selbst bestimmen. Wir sind uns jener Einflüsse aus den anderen Dimensionen nicht bewußt. Deshalb kommt es meist anders, kommt es eigentlich immer anders, als wir gedacht haben.

Es sind eben nicht die mechanischen Abläufe, die die wir planen und die wir mit unseren beschränkten Menschenkräften festlegen, welche die Welt regieren …

Und doch verfügen wir über Wahlmöglichkeiten, Freiheiten, Schöpferkräfte …«

Das andere Wollen

»Das Problem für uns Menschen liegt in der Trennung. Wir sind uns nicht bewußt, daß wir jeweils Teil eines Ganzen sind und daß wir einen Menschen vom anderen gar nicht trennen können, daß wir das Ganze *sind.* (Siehe Abbildung 2)

Das Gefühl des Getrenntseins hängt zusammen mit den Problemen von Zeit und Raum, ist an diese Daseinsebene gebunden, an diese Welt der Dualität.

Wir können uns nicht oft genug vor Augen halten, daß wir nicht nur in der hiesigen materiellen Welt leben, sondern daß auch die andere Welt dabei ist, mitarbeitet, daß uns ständig jemand ›über die Schulter schaut‹. Dieses Wissen ändert im Laufe der Zeit unsere Einstellung und ermöglicht ein anderes Funktionieren.

Wenn der Ingenieur auf dem Reißbrett einen Strich zieht und sich dabei bewußt wird, daß ›ein Jemand‹ oder ›ein Etwas‹ diesen Strich gemeinsam mit ihm zieht – dann ist er nicht mehr der gleiche wie vorher. Eines Tages wird der Moment kommen, in dem ihm diese Tatsache *bewußt* wird.

Doch er muß es wollen. Es kann nur über einen Akt des Willens geschehen.

Der Prozeß der Transformation der Materie trägt dazu bei, sich bewußt zu werden, er hilft, klar zu sehen. Warum? Weil in diesem neuen Menschheitszyklus die Materie als Gegenstück zum Geistigen immer schwächer, transparenter, poröser wird und damit an Wichtigkeit und Einfluß verliert, während die Welt dahinter, unsere ›Seele‹, unser Höheres Bewußtsein an Kraft gewinnt und wir klarer sehen, wir die Dinge besser durchdringen und unterscheiden können.

Die Transformation der Materie läßt erkennen, was dem Ziel dient und was nicht, was im Moment richtig und was falsch ist. Und das ändert sich ständig. Was heute richtig ist, muß nicht auch morgen stimmen. Und während wir gestern noch richtig lagen, können wir heute schon ›daneben‹ sein. Der Pfad wird immer enger!

Wir befinden uns auf dem Wege heraus aus der Dualität. Danach gibt es nur noch eines. Es gibt dann nicht mehr unseren Willen und den Willen der Neuen Energie.

›ES‹ arbeitet dann durch uns, wir mit ihm. Auf diese Weise

formen wir mit an der Gestaltung der ›Neuen Erde‹ ..., indem wir nicht nach unserem Muster funktionieren, sondern nach dem der Neuen Energie.«

Das neue Gleichgewicht

»Wir befinden uns in einer Phase zwischen einem Gleichgewichtszustand und einem anderen.

Wir haben uns daran gewöhnt, die Welt in einer bestimmten Art und Weise zu sehen. Das ändert sich jetzt. Nicht weil sich das Äußere ändert, sondern weil wir selbst uns ändern, weil sich unsere Sicht ändert.

Die ›alte Welt‹ ist noch da, und die neue beginnt bereits Einfluß zu nehmen. Weil beide so gänzlich anders funktionieren, gibt es Probleme im täglichen Leben. Wie soll man das Nichtzuvereinbarende gleichzeitig verwirklichen?«

> »Die Schwierigkeit ist eben: die ›alten‹ Gesetze und Regeln werden nicht mehr beachtet und die ›neuen‹ noch nicht.«

»Deswegen gibt es heute die Zyklen. Da beide Gesetze nicht gleichzeitig beachtet werden können, gilt einmal das eine, dann das andere. Die Evolution findet in Zyklen statt. Vor drei Monaten haben wir A gesagt, und heute sagen wir B. Und beides ist richtig. Zuvor haben wir es von einer Seite gesehen und heute von der anderen.

Einmal sind wir in Harmonie mit der alten Energie des Mentals; dann, später, sind wir es mit der Energie des Höheren Bewußtseins, liegen wir in Konflikt mit der Energie der ›alten‹ Welt.

Das ist die ›Welt des Paradoxon‹.

Beide Welten sind extreme Gegensätze – und beide existieren. Darauf sind die scheinbaren Widersprüche und Ungereimtheiten heutzutage zurückzuführen.

Da beides gleichzeitig nicht durchgeführt werden kann, geschieht eines nach dem anderen.

Bei ›Zyklus oben‹, gehen wir einen Schritt voran, gehen wir mit neuen Impulsen, neuen Möglichkeiten einen Schritt weiter in die Zukunft. Und daran, anschließend, bei ›Zyklus unten‹, werden wir wieder zurückgestoßen in die harten Realitäten und Beschränkungen des materiellen Lebens. Das ist das System der zyklischen Umpolung.

Es gibt immer Zeiten, da sagt man: ›Die Meister sind ›dort oben‹ ...‹ Das sind dann die Zeiten, während derer man Werkzeug ist. Dann gibt es Momente, in denen wir selbst schöpferisch und kreativ sein dürfen, in denen wir selbst handeln, selbst ›Meister‹ sein müssen!

Wenn wir uns als ›Meister‹ fühlen, dann sollten wir auch ›Meister‹ sein. Und wenn uns nicht danach ist, dann treten wir zurück ...

Genauso sollten wir einmal weich sein und dann wieder bestimmt und fest. Denn auch die Eigenart des Höheren Bewußtsein ist es, beides zu sein. Auf der einen Seite das größtmögliche ›Laufen-lassen‹ und Mit-gehen, auf der anderen Seite die Unerbittlichkeit, die Präzision, die Bestimmtheit.

Solange wir uns ›in Null‹ befinden und uns flexibel genug verhalten, sind wir immer so, wie wir es im richtigen Moment sein sollten.

Und jedes Mal nimmt uns das Höhere Bewußtsein von unserem Platz und stellt uns etwas höher. Der Mechanismus des Höheren Bewußtseins ist pausenlose Variation, ständiger Wechsel, tags und nachts. Man muß also ständig auf der Hut sein. Wir sind gezwungen, anpassungsfähig mitzugehen und zu fühlen, was gerade passiert.

Auf diese Weise geht die Entwicklung voran: Zuerst ein harmonischer Gleichgewichtszustand – dann neue Impulse und Verlassen des alten Zustandes, Evolution, Irritation, Disharmonie.

Dann wieder Ruhe, neue Harmonie, ein neuer Gleichgewichtszustand.

Anschließend geht es wieder von Neuem los.

Und jedes Mal wird unser Bewußtsein klarer, unsere Atmung weiter. So wechseln wir von einem Gleichgewichtszustand aufwärts in den nächsten, in Zyklen. Und jedes Mal müssen wir den Gleichgewichtszustand wiederfinden.«

»Liebe ist Sich-öffnen, ist größer werden, ist Verbindung von Wesensmitte zu Wesensmitte ... ist Einswerden.

Lieben heißt sich öffnen, damit die Energie fließen kann ... von innen nach außen.«

Die Öffnung des Herzens

»Wir sehen uns als *eine* Person und neben uns die anderen Menschen.

Doch einmal gibt es *in* uns verschiedene Personen, ganz reale Personen. Das sind wir dann auf verschiedenen Existenzebenen! In uns gibt es den Banditen genauso wie den Heiligen. Deshalb müssen wir uns vor uns selbst in acht nehmen.

Denn je mehr wir Kraft bekommen und je mehr wir an Seelenschwingung und Körperschwingung zunehmen, je mehr das Potential steigt – um so mehr bekommen auch die anderen Personen in uns die Möglichkeit, sich zu manifestieren!

Zum anderen sehen wir die Menschen neben uns als getrennt von uns. Dies sind wir nur auf der physischen Ebene. Je weiter wir aber in ›Höhere Ebenen‹ steigen, um so mehr sind wir eins!

Und je mehr wir uns weiterentwickeln, um so mehr besteht die Notwendigkeit, daß der eine den Rhythmus des anderen annimmt, daß sich der eine mit dem anderen identifiziert, daß er den anderen versteht ... daß der eine mit dem anderen identisch wird ...

Hier ›unten‹ gibt es ›dieser gefällt mir, jener ist mir nicht sympathisch‹. Aber wenn wir ›oben‹ sind, dann gibt es nur noch diese eine Schwingung – alles ist dann dasselbe!«

»Ist das die wirkliche Liebe?«

»Ich verwende das Wort ›Liebe‹ nicht gern. Wir verbinden zu viel falsche Vorstellungen damit. Jeder will geliebt werden, das ist natürlich. Da gibt es vitale Bedürfnisse. Jeder will nehmen – nicht aber geben.

Was der Mensch normalerweise unter Liebe versteht, bedeutet für ihn, daß er Liebe bekommen will. Da haben wir einen gefährlichen Mechanismus, den des Ego.

Doch das Höhere Bewußtsein will Liebe im aktiven Sinn, Liebe als Hingabe.

Der einzelne Mensch liebt zuerst seine Eltern, dann seine Geschwister, seine Großeltern. Da geht es um die Liebe innerhalb der Blutsverwandtschaft.

Dann wächst sein Potential, er wird erwachsen. Er liebt seinen Partner, der ihm zuvor fremd war – und seine Kinder.

Wieder nehmen sein Potential und der Radius seiner Ausstrahlung zu und er liebt seinen Beruf, seine Kollegen. (Siehe Abbildung 5)

Und er wächst weiter … er beginnt, sein Vaterland zu lieben, er tut etwas für sein Vaterland …

… und noch weiter nehmen sein Potential und seine Ausstrahlung zu, und er beginnt, alle Menschen zu lieben. Er spendet für das Rote Kreuz … er beginnt, die ganze Menschheit zu lieben …

Und bei jedem Schritt öffnet sich etwas in seinem Inneren, immer ein bißchen weiter.

Und jedesmal projeziert er nach draußen auf etwas anderes, jeweils seinem Potential angemessen.

Anfangs liebt er nur seine Familie, dann auch seinen Beruf, sein Land … Er möchte sich öffnen, er möchte sich mit etwas identifizieren … aber mit was? Es beginnt damit, daß er draußen etwas sucht, daß er sich mit etwas oder jemandem in der Außenwelt identifiziert, mit seiner Familie, dann mit seinem Beruf, seinem Land.

Doch dann schließlich sieht er weiter, größer; und er projeziert sein Sich-öffnen auf mehr … auf die Menschheit …

… bis dann eines Tages auch das wieder verschwindet. Dann spürt'er, daß das, was er sucht … überall ist …, daß es *Alles* ist … daß es da ist, daß *Alles* da ist…

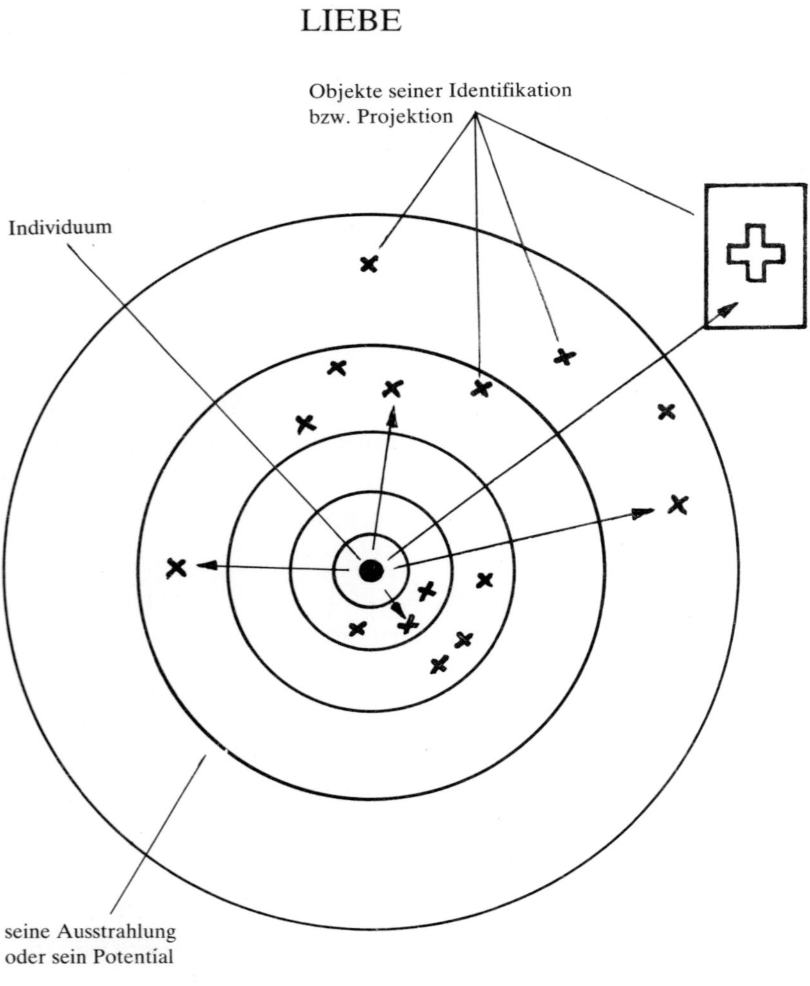

ABBILDUNG 5: *... Wieder nehmen sein Potential und der Radius seiner Ausstrahlung zu, und er liebt ...*

Liebe ist Sich-öffnen, ist größer werden, ist Verbindung von Wesensmitte zu Wesensmitte ... ist Einswerden.

Lieben heißt sich öffnen, damit die Energie fließen kann ... von innen nach außen.«

Das Vertrauen

»Wir leben derzeit in einer eigentümlichen Situation, in einer etwas wundersamen Zeit. Man spürt, wie sich die Dinge überall lösen, wie alles fader, unwirklicher geworden, nicht mehr so wichtig ist. Überall wird abgeschnitten.

Wir ändern uns, die Menschen ändern sich. Das Ego ändert sich, löst sich, die Werte ändern sich, ›unsere Welt‹ ändert sich.

Alles was geschaffen wurde, muß wieder weggeschafft werden. Man kann nicht dort etwas Neues konstruieren, wo noch etwas Altes steht. Doch das ist alles erst ein Anfang.

Eine neue Ära steht uns bevor ...

Das können wir sehr positiv sehen – *und Vertrauen haben,* Vertrauen in eine übergeordnete Weisheit und in ein sinnvolles Zusammenspiel der Vorgänge, die um uns ablaufen.

Trotz allen Durcheinanders und allen Wirrsinns gibt es eine

Harmonie ›dahinter‹, eine Weisheit, die alles lenkt. Das Große Potential ist *da,* und es ist Ruhe und Kraft.

Wir sind nicht allein. Es wird uns geholfen. Seien wir daher offen – für alles, was kommen wird! Doch verhalten wir uns dabei richtig – *so wie es jeder für sich verstanden hat, so wie es jeder für sich fühlt!* Damit wir in Harmonie sind mit der Neuen Energie, mit dem, was ›dahinter‹ wirkt, was an unserer Zukunft arbeitet.

Und wir sollten bereit sein, alles immer wieder in Frage zu stellen, immer wieder fallen zu lassen, was wir geschaffen haben – damit alles immer wieder neu arrangiert, alles in eine neue Richtung laufen kann …
Dann ist alles offen, dann ist alles möglich … alles!

Ein neuer Großer Zyklus wird beginnen, und in diesem neuen Zyklus ist alles offen, alles möglich. Wir haben nicht genügend Phantasie, um uns vorzustellen, was dann alles geschehen kann …

Die Menschheit hat um Antwort gebeten – und Antwort wird kommen! Doch wir müssen Vertrauen haben, müssen offen sein für eine Höhere Macht. Wir müssen uns überantworten – und die Energie durch uns hindurchfließen lassen …
Dann ist die Antwort da …,

… dann sind wir die Antwort!«

III. TEIL

Die Gesetze des »Höheren oder Göttlichen Bewußtseins«

Inhalt

»Es geht nur um das Selbst-Erlebte und Selbst-Erfühlte. Es geht um den Körper, der die Erfahrung gemacht haben muß, um sich dann ›auflösen‹ zu lassen. Es geht um ›den Apparat, der von Gott demontiert‹ wird.

Denn der Göttliche Geist kann den Menschen erst dann wieder zu seinem Bilde ›zurückgestalten‹, wenn der Mensch in allen seinen Funktionen vorher ›auseinandergenommen‹ wurde. Das gilt für alle Existenzebenen – vor allem für die physiologische, bis zu der hinunter dieser Prozeß stattfinden muß.

Nichts auf den folgenden Seiten ist mentalen Ursprungs. Der Text wurde also nicht vom menschlichen Intellekt erdacht.

Deswegen soll der Inhalt dieser Seiten auch nicht diskutiert, also mental verstanden, sondern erfühlt, meditativ erfaßt und – in die Tat umgesetzt werden! Das ist allerdings das Schwierige, denn der Mensch handelt zu fünfundneunzig Prozent aufgrund mentaler Überlegungen und Pläne, also mechanisch-kausal – und damit nicht kreativ.«

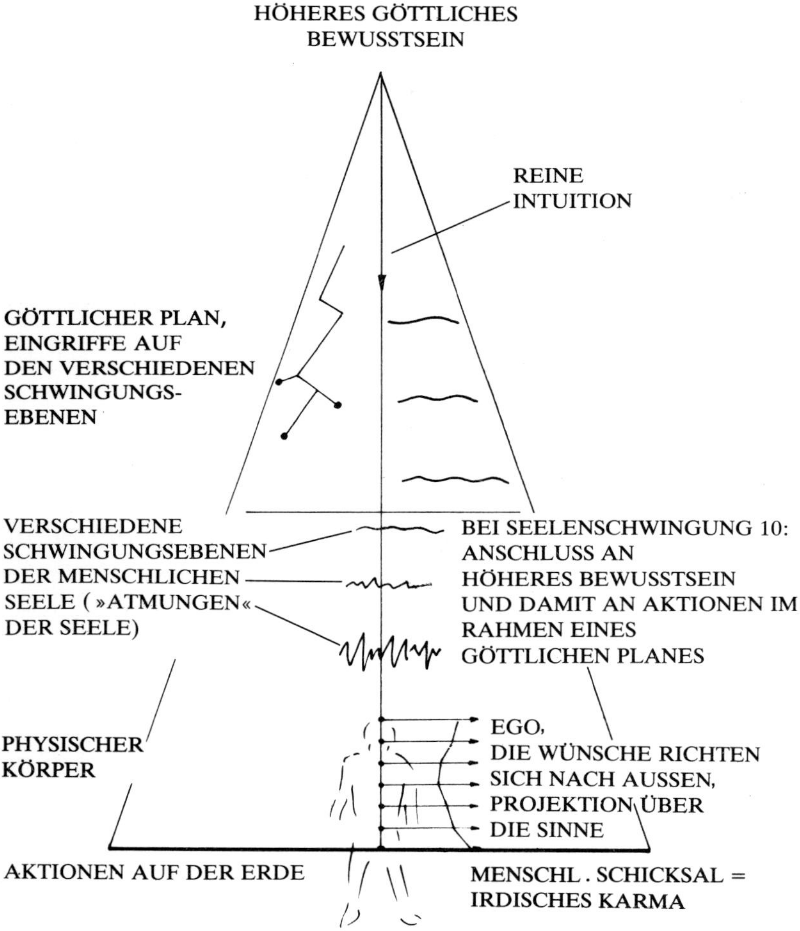
HÖHERES GÖTTLICHES BEWUSSTSEIN
REINE INTUITION
GÖTTLICHER PLAN, EINGRIFFE AUF DEN VERSCHIEDENEN SCHWINGUNGS-EBENEN
VERSCHIEDENE SCHWINGUNGSEBENEN DER MENSCHLICHEN SEELE (»ATMUNGEN« DER SEELE)
BEI SEELENSCHWINGUNG 10: ANSCHLUSS AN HÖHERES BEWUSSTSEIN UND DAMIT AN AKTIONEN IM RAHMEN EINES GÖTTLICHEN PLANES
PHYSISCHER KÖRPER
EGO, DIE WÜNSCHE RICHTEN SICH NACH AUSSEN, PROJEKTION ÜBER DIE SINNE
AKTIONEN AUF DER ERDE
MENSCHL. SCHICKSAL = IRDISCHES KARMA

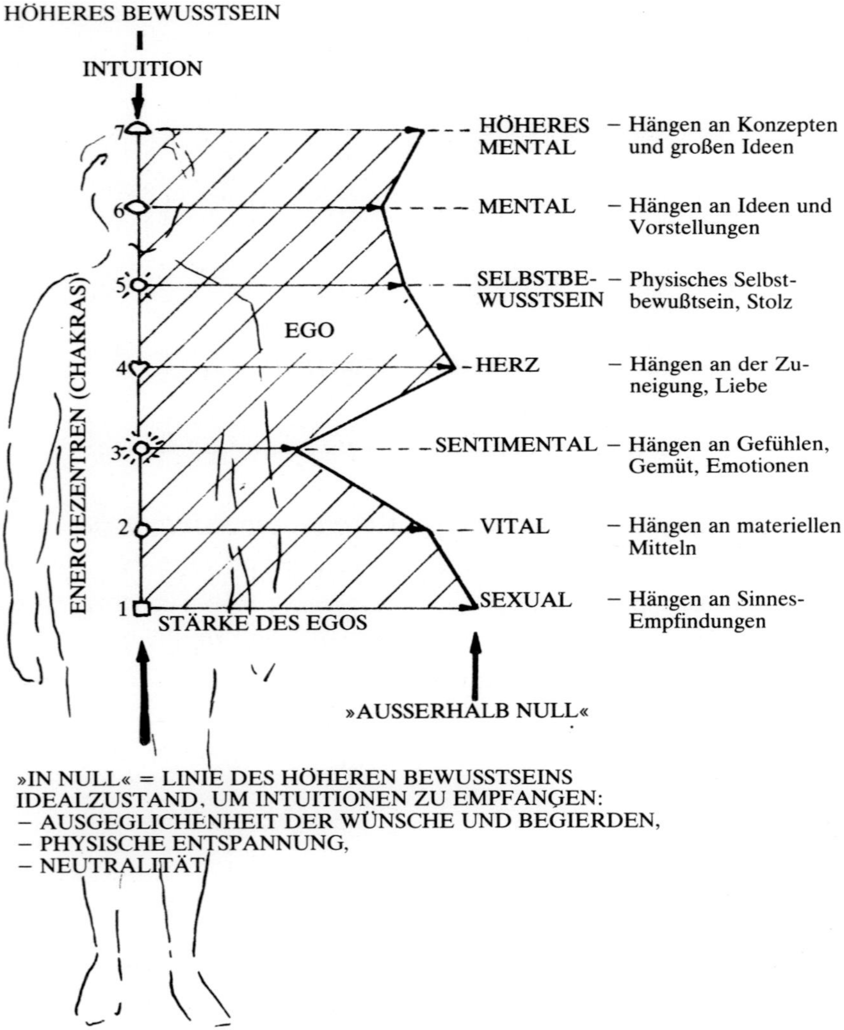
HÖHERES BEWUSSTSEIN
INTUITION
ENERGIEZENTREN (CHAKRAS)
7
6
5
4
3
2
1
EGO
STÄRKE DES EGOS
HÖHERES MENTAL – Hängen an Konzepten und großen Ideen
MENTAL – Hängen an Ideen und Vorstellungen
SELBSTBEWUSSTSEIN – Physisches Selbstbewußtsein, Stolz
HERZ – Hängen an der Zuneigung, Liebe
SENTIMENTAL – Hängen an Gefühlen, Gemüt, Emotionen
VITAL – Hängen an materiellen Mitteln
SEXUAL – Hängen an Sinnes-Empfindungen
»AUSSERHALB NULL«
»IN NULL« = LINIE DES HÖHEREN BEWUSSTSEINS
IDEALZUSTAND, UM INTUITIONEN ZU EMPFANGEN:
– AUSGEGLICHENHEIT DER WÜNSCHE UND BEGIERDEN,
– PHYSISCHE ENTSPANNUNG,
– NEUTRALITÄT

Notre situation

Il ne nous est donné que ce que nous méritons.

en rapport avec nos aspirations intérieures
et en fonction de nos mérites accumulés
par le passé
ou en fonction d'une aspiration supérieure
potentialisée vers le futur.

Unsere Situation

Wir bekommen nur, was wir verdienen;
entsprechend
unserer inneren Einstellung,
unseren Verdiensten und
im Hinblick auf zukünftige Aufgaben,
die wir innerhalb eines Großen Planes
zu erfüllen haben.

Le libre arbitre de la personne

La »Réponse« est »vivante«. Elle tient compte de tous les facteurs présents, passés, futurs, mais elle tient toujours compte du libre arbitre de la personne et elle est toujours donnée en tenant compte de la liberté d'action, de réflexion et de d'épanouissement. Tout ceci dans

le monde des affaires,
la politique,
la vie sociale et familiale,
la santé et l'évolution personnelles.

Die Entscheidungsfreiheit des Menschen

Die Hilfe des Höheren Bewußtseins lebt. Sie berücksichtigt alle Faktoren – die der Gegenwart, der Vergangenheit und der Zukunft. Aber sie berücksichtigt auch immer die Entscheidungsfreiheit des Menschen, das heißt die Freiheit seines Handelns, seines Denkens und seiner Entfaltung

im Geschäftsleben,
in der Politik,
im gesellschaftlichen und im Familienleben
und bezüglich seiner Gesundheit und
seiner persönlichen Entwicklung.

Les libertés extérieures

La recherche de la santé intérieure et du bon équilibre doit être mise en route par la recherche de la liberté extérieure et sur les principes de la vie matérielle et de l'organisation capitale. Il ne peut y avoir de progression dans le domaine de la liberté intérieure sans une détente des libertés extérieures et contraintes sociales et matérielles:

- *liberté dans le choix des lieux et d'habitation;*
- *liberté dans le travail avec possibilité de s'arrêter et de reprendre;*
- *liberté pécuniaire et possibilités matérielles et de se déplacer, ne pas être bloqué;*
- *liberté de pouvoir s'échapper d'un contexte social ou familial;*
- *possibilité d'avoir une position d'échange réciproque avec l'entourage;*
- *liberté d'éviter les positions de responsabilités à long terme;*
- *détachement;*
- *non influence;*
- *pas de crédit;*

Die Äußeren Freiheiten

Bevor man sich auf die Suche nach innen und auf die Suche nach Harmonie begibt, muß man sich um die entsprechenden Voraussetzungen im äußeren, im materiellen Leben bemühen und sich die notwendigen äußeren Freiheiten verschaffen. Es kann keinen Fortschritt auf dem Weg zu innerlicher Befreiung geben, solange die Freiheiten in der Außenwelt zu beschränkt und die äußeren gesellschaftlichen und materiellen Beschränkungen nicht weitgehend abgebaut sind. Dabei geht es um

- *die Freiheit bei der Wahl seines Wohn- und Aufenthaltsortes;*
- *die Freiheit in der Wahl seiner Arbeit – mit der Möglichkeit, sie unterbrechen und wieder aufnehmen zu können;*
- *die Freiheit in finanzieller Hinsicht, was sich auch auf die materiellen Mittel bezieht, die man benötigt, um verreisen zu können, um nicht blockiert zu sein;*
- *die Freiheit, sich von gesellschaftlichen und familiären Bindungen lösen zu können;*
- *die Möglichkeit, sich mit seiner Umwelt austauschen zu können;*

– *possibilité de faire avec ce que l'on a – ou réaliser ses possessions en vue d'une action différente ou d'un nouveau départ.*

- *die Vermeidung langfristiger Verpflichtungen;*
- *das Loslassen-Können, die Gelassenheit;*
- *keine Beeinflussung;*
- *keinen Kredit;*
- *die Möglichkeit, mit dem zu arbeiten, was man besitzt – oder aber seinen Besitz für andere Tätigkeiten oder einen neuen Anfang einsetzen zu können.*

La »Réponse« ou aide venant d'un Plan Supérieur

La »Réponse« de la Conscience Divine est toujours juste; les »Réponses« données peuvent être de deux ordres:

1. Réponse dans un contexte donné, dans un laps de temps court, réponse tenant compte de la psychologie de la personne et de sa correspondance intérieure et extérieure.

2. Réponse donnée dans un Plan Divin avec participation à l'action générale d'une Conscience Supérieure plus juste et égalisatrice, tenant compte d'un ensemble de personnes et ayant pour résultat l'équilibre des chakras et un état général tendant vers un bien-être avec harmonie et prolifération des biens matériels. Tout ceci répondant à un potentiel d'énergie supérieure pour chaque individu, avec détachement progressif de ses illusions et constituant un centre attractif et positif plus important.

D'autre part, certaines manipulations d'argent centrées sur une personne peuvent être réalisées par la Conscience Divine afin de favoriser certaines découvertes ou une aide individuelle dans

Die »Antwort«
oder
Die Hilfe aus einer Höheren Ebene

Die »Antwort« des Höheren Bewußtseins ist immer angemessen. Es gibt zweierlei solcher »Antworten«:

1. Antworten, die sich auf eine momentane Situation beziehen. Sie gelten für einen kurzen Zeitraum und entsprechen der derzeitigen psychologischen und der Situation des Fragenden im allgemeinen.

2. Antworten im Rahmen eines übergeordneten Großen Planes, aus der Sicht eines Höheren, Gerechten und Ausgleichenden Bewußtseins. Sie beziehen mehrere Menschen ein und bewirken eine Harmonisierung ihrer Energiezentren und ihres Allgemeinzustandes sowie eine Vermehrung ihres materiellen Besitzes. Sie schaffen in dem betreffenden Menschen ein Potential höherer Energie und bewirken eine zunehmende Loslösung von Illusionen. Ein solcher Mensch bildet dann ein positives, strahlendes Energiezentrum mit entsprechender Anziehungskraft.

un dispositif d'Intervention Divine avec conséquence sur un plan général à une très grande échelle.

Dans le deuxième cas il faut noter que les réponses données prennent place dans un contexte général et de Plan Divin ou le temps de réalisation échappe à notre notion de temps terrestre, mais tous les éléments donnés et l'achèvement du Plan sont la consistance d'un plan inéluctable et irréversible.

Autrement dit, l'aide donnée aura un résultat précis et d'Origine et d'Intervention Divines, mais entre le départ et l'arrivée tous les chemins sont possibles – et de faux chemins peuvent être montrés afin de renforcer le mécanisme d'action et de faire travailler et augmenter la conscience (force) des intéressés.

Cette Force Divine peut, suivant l'individu, aider ou ne pas aider suivant la direction que celui-ci prend après l'aide apportée et après que la Conscience lui ait montré un chemin plus juste.

Dieses Höhere Göttliche Bewußtsein kann auch einer einzelnen Person gezielte materielle Mittel zukommen lassen, um bestimmte Entdeckungen oder technische Entwicklungen zu ermöglichen oder ihr persönliche Hilfe zuteil werden zu lassen. Dies geschieht dann im Rahmen eines langfristigen Großen Planes.

Es ist zu beachten, daß die Antworten dieser zweiten Art Bestandteile eines Großen Göttlichen Planes sind, dessen Zeitbegriffe nicht mit den unseren, den irdischen übereinstimmen. Aber der Plan selbst, seine Elemente und sein Ziel sind unabänderbar und irreversibel.

Die direkte Hilfe, dieser Eingriff aus einer höheren Ebene, bezweckt also ein ganz bestimmtes Ergebnis. Aber zwischen Anfang und Ende dieses Planes sind verschiedene Wege möglich. Dabei können auch falsche Wege aufgezeigt werden, um uns unsere Handlungsweise bewußt zu machen und uns dazu zu veranlassen, bewußter und damit bestimmter zu handeln.

Diese Kraft aus einer anderen, höheren Ebene hilft oder hilft nicht – je nach der Richtung, die der Mensch einschlägt, nachdem ihm geholfen und ihm der richtige Weg gezeigt wurde.

L'évolution

Une des plus grandes complications et source d'erreur intervient lorsque l'homme se met en tête d'évoluer et s'intéresse à son évolution.

Il faut noter avant toute chose, qu'il ne s'agit pas d'évoluer mais de désapprendre ou encore de se détacher progressivement de tout le magma intellectuel mental et de tout attachement crée par association d'idées régies par la société elle-même, idées reçues et héréditaires, idées créées par toutes les causes venues du passé et aussi par notre imagination mentale basée sur des vérités fausses, prêtes à craquer à chaque instant.

Tout dans ce monde est relatif, naît et meurt à chaque instant et toute notre prolifération matérielle actuelle est le résultat de la recherche par le mental et sa partie intellectuelle d'une stabilité extérieure venant colmater le trou intérieur d'angoisse et de doute que chaque homme possède en son coeur — trou de plus en plus béant et vertigineux depuis quelques dizaines d'années.

Die persönliche Entwicklung

Zu größten Irrtümern und Komplikationen kann es kommen, wenn wir uns für unsere eigene Entwicklung zu interessieren beginnen und uns selbst weiterentwickeln wollen.

Es geht nämlich nicht darum, daß wir uns weiterentwickeln, wichtig ist vielmehr, daß wir zuerst einmal verlernen! Wir müssen uns langsam trennen von den vorgefaßten Meinungen unserer heutigen Gesellschaft, von all den überkommenen Vorstellungen und von unseren eigenen Gedanken-Konstruktionen, die inzwischen überholt sind.

Alles in dieser Welt ist relativ, entsteht und vergeht wieder. Unser heutiger materieller Fortschritt ist das Ergebnis unseres Intellektes und verdeckt nur die geheimen Ängste und Zweifel, die wir alle haben, und die seit einigen Jahren immer stärker werden.

Le mécanisme des cycles et les »Réponses« de la Conscience Divine

Dans un Plan Général, il ne faut pas croire que les »Réponses« vont modifier les cycles de la transformation générale de l'humanité; mais au contraire parfois si cela est nécessaire, il pourra y avoir des réponses ou des non-réponses accentuant la période de creux et de frein général de tous les blocages, ceci, afin de ramener l'individu à lui-même et de faire travailler dans le mental et le physique les notions de cycles et de prendre conscience que certains blocages apparemment définitifs se présentent à des périodes à peu près toujours les mêmes.

Ces cycles de haut et de bas dans tous les domaines ne doivent pas être analysés mais plutôt »sentis« et »vécus« par l'individu.

A la suite de ces sensations de serrement dans tous les domaines, la notion de »faire avec ce que l'on a« prend toute sa valeur et également la notion d'un »fond de réserve à tout moment disponible« devient évidente et indispensable afin de ne pas rentrer trop dans le mécanisme et d'avoir une position de »recul« qui permet de »voir« la situation sans être trop affecté.

Die Zyklen und die »Antworten« des Höheren Bewußtseins

Die Antworten beeinflussen die großen Zyklen der derzeit stattfindenden Transformation der Menschheit nicht. Im Gegenteil. Oft werden Antworten gegeben, die die Phase der Leere, der Beschränkungen und der Blockierungen geradezu betonen. Durch sie soll der Einzelne wieder zu sich selbst zurückgeführt werden, soll er die Wirkungen der Zyklen auf sein Mental und auf seinen Körper kennenlernen. Es soll ihm dabei auch bewußt werden, daß bestimmte klar erkennbare Widerstände und Schwierigkeiten immer wieder und in periodenhaften Abständen auftreten.

Ob man sich im Zyklus gerade oben oder unten befindet, soll dabei nicht berechnet, sondern erfühlt und erlebt werden.

Im »Zyklus unten« herrschen Widerstände vor. Es ist die Zeit des Zusammenziehens und der Restriktion auf allen Gebieten. Jetzt wird »das Arbeiten mit dem, was man besitzt« wichtig, ebenso die »Stille Reserve, auf die man jederzeit zurückgreifen kann«, damit man nicht zu stark in den Mechanismus der Zyklen hineingezogen

De toute évidence, des plans à courts termes deviennent indispensables, ainsi que la notion de »tout remettre en question« et de pouvoir changer ou se déplacer. Pour les affaires à long terme un rythme prudent devient indispensable, ainsi que la nécessité d'avoir une autre activité dans un autre domaine ou une autre possibilité en réserve, prête à remettre en route, si le besoin devient pressant.

Les cycles »en bas« constituent une remise à zéro et peuvent être considérés comme une régulation karmique. Ce sont des laps de temps préparatoire de décantation pour un redépart dans de meilleures conditions et de vue plus juste. Tout ceci en rapport avec la Conscience et les Energies menant le monde.

Les cycles »en haut« exacerbent les désirs et donnent leurs satisfactions cela étant nécessaire pour l'expansion générale de l'individu et pour lui faire sentir à ce moment une notion de bonheur chaque fois plus intense et plus vraie.

wird. Man kann so die zurückgezogene Position eines »Stillen Beobachters« einnehmen und die Situation gelassen von außen betrachten, ohne daß man selbst zu stark beeinflusst wird.

Ferner sollte man jetzt mit kurzfristigen Plänen arbeiten und immer wieder alles infrage stellen und verreisen können. Mit längerfristigen Geschäften sollte man sehr vorsichtig zu Werke gehen. Es kann nun zweckmäßig sein, eine andere Aktivität auf einem anderen Gebiet oder eine andere Möglichkeit in Reserve zu haben, die man bei Bedarf aktivieren kann.

Die »Zyklen unten« stellen alles immer wieder auf Null. Sie dienen sozusagen der Regulierung des Karmas. Sie stellen Zeiten der Besinnung dar sowie Zeiten der Vorbereitung auf einen neuen Anfang, unter besseren Bedingungen und mit einem klaren Blick – im Sinne des Höheren Bewußtseins und der Energien, welche die Welt lenken.

Die »Zyklen oben« dagegen verstärken die eigenen Wünsche und ermöglichen auch deren Erfüllung, was erforderlich ist für die Entfaltung der Menschen und was sie Gefühle des Glücks erleben läßt, die von Mal zu Mal stärker und wahrer werden.

Le domaine de la non-réalité et de l'apparente réalité et de la juste attitude

Nous pouvons considérer le monde comme illusoire et comme une création de notre propre esprit. Il convient d'adopter à la mesure de ses possibilités

- *une attitude de neutralité,*
- *mais aussi de spontanéité*
- *et d'honnêteté dans le sens intuition.*

Si le mental humain ou l'intellect, capacité »intelligente« et réfléchie, formule des demandes après en avoir détourné le sens profond afin de cacher une partie de »sa vérité«, les réponses données s'adapteront de la même manière à la demande et de grandes confusions pourront se produire, mais dans un cadre général la réponse et l'aide seront toujours données. Cependant on peut dire qu'à un mensonge sera répondu un autre mensonge ceci étant une vérité dans l'apparente réalité ou non-réalité.

La bonne attitude générale devra donc être la confiance et la spontanéité – aucun mécanisme

Die Nicht- oder Schein-Wirklichkeit und wie man sich richtig verhält

Wir können die Welt sehen als Täuschung, als eine Schöpfung unserer eigenen Gedanken. Sich der Welt und ihren Möglichkeiten gegenüber richtig zu verhalten, gelingt am besten.

- *wenn man ihr gegenüber neutral ist,*
- *wenn man spontan, das heißt von innen heraus und unbeeinflußt reagiert,*
- *wenn man sich selbst gegenüber offen und ehrlich ist.*

Wenn unser Mental oder Intellekt »Fragen« stellt und wir dabei uns selbst gegenüber nicht vollkommen ehrlich sind, wenn wir bereits durch die Formulierung einer Frage deren Sinn verfälschen und so einen Teil der Wahrheit verbergen, bekommen wir keine wirkliche Antwort:

Die Antwort des Höheren Bewußtseins entspricht jeweils unserer Frage; falsche Fragen können große Verwirrungen verursachen, wenn auch Antwort und Hilfe immer gegeben werden. Man kann festhalten: Eine Lüge wird mit einer Lüge beantwortet, womit diese innerhalb der Schein-Wirklichkeit oder Nicht-Wirklichkeit eine Wahrheit wird.

de rétraction ni de détours de la pensée. Dans cette mesure les réponses données seront directement intuitives venant d'une source que l'on pourra appeler »Source de Vérité«.

Cette Conscience Divine pourra donc être appelée »vérité dans la non-réalité«.

Unsere richtige Haltung sollte deshalb bestimmt sein durch Vertrauen und Spontaneität – ohne gedankliche Umwege. Wir erhalten so direkte, intuitive Antworten, die von jenem Ursprung kommen, den wir »Quelle der Wahrheit« nennen können.

Man kann auch sagen: Das Höhere Bewußtsein ist die »Wahrheit in der Nicht-Wirklichkeit«.

Au sujet des projections et des prédictions

Il n'est pas bon ni utile de savoir et de calculer les choses et les événements à l'avance, car cela trouble la Conscience et l'empêche d'avoir une action plus efficace, car ces projections prennent dans le mental par association d'idées une forme concrète et dure et s'opposent à la marche normale des événements.

Il est plus utile et plus efficace de porter sa conscience dans le moment présent et de s'efforcer de sentir dans son corps et dans son mental le fil directeur qui se trouve derrière tous les événements, dans les grands comme dans les infiniment petits. Il est plus important de savoir lire derrière les choses et d'en tirer une expérience intuitive et directe que de se fixer sur des projects et des renseignements qui ont une valeur limitée et peu sûre en définitive.

»Voir plus« et »Voir derrière« est l'attitude générale qui met la personne en communion et aimentation directes avec la Conscience Directrice.

Über die Vorausplanungen und Voraussagen

Es ist nicht sinnvoll, im voraus zu wissen und mit dem zu kalkulieren, was in der Zukunft passieren wird, da sich das entsprechende Wissen in unseren zukünftigen Gedanken festsetzt und dort sehr konkrete Formen annimmt. Die Gedanken stellen sich dann dem natürlichen Lauf der Dinge entgegen und verhindern, daß wir tatsächlich wirkungsvoll handeln.

Es ist viel nützlicher, unsere Aufmerksamkeit auf den jeweils gegenwärtigen Moment zu richten. Dabei sollten wir uns bemühen, mit unserem Körper und unserem Verstand dem roten Faden zu folgen, der die einzelnen Geschehnisse miteinander verbindet – die ganz großen und die ganz kleinen.

Es ist wichtiger, hinter die Dinge sehen zu können und daraus direkte, intuitive Erfahrungen zu schöpfen, als sich auf Zukunftsprojekte festzulegen, die letztendlich doch nur einen beschränkten und wenig zuverlässigen Wert besitzen.

Cependant la Conscience peut, si cela est utile et favorable pour son Plan Général, donner des précisions et des prédictions parfaites mais, cela seulement dans un but d'harmonie et d'évolution ou d'aide particulière.

Durch »Mehr Sehen« und »Dahinter Sehen« treten die Menschen in direkte Verbindung zum allessteuernden Höheren Bewußtsein.

Andererseits kann das Höhere Bewußtsein präzise Angaben und Einblicke vermitteln, dann wenn dies seinem großen Plan dienlich ist. So etwas geschieht aber nur, um im Einzelfall Harmonie herzustellen, um direkte Hilfe zu geben oder die persönliche Entwicklung eines Einzelnen zu fördern.

L'utilité des »Réponses« de la Conscience Divine dans le temps et le recyclage automatique sur les rythmes de la Conscience

Les »Reponses de la Conscience« ont pour but entre autre de ramener les différents plans d'existence de l'être en équilibre et de ramener les rythmes de la personne sur les cycles de la Conscience Générale de l'évolution actuelle. Le mental entre autre sera modifié dans ses plis rigoureux et ramené vers une souplesse et adaptation plus grande et plus rapide afin de pouvoir s'adapter au rythme de »la respiration consciente d'énergie profonde«.

Les »Reponses« pourront avoir pour but de briser des formations mentales ou encore de donner une direction différente afin que la personne trouve son nouveau rythme ou un rythme plus adapté.

Les »Reponses« feront donc sentir et vivre à la personne deux notions de temps:

1. le temps de la réalité extérieure ou le temps de la non-réalité ou réalité apparente et,

Wie die »Antworten« des Höheren Bewußtseins in der Zeit wirken und wie sie uns auf die Rhythmen des Höheren Bewußtseins ausrichten

Die »Antworten« haben unter anderem das Ziel, unsere verschiedenen Existenz-Ebenen wieder in ein Gleichgewicht zueinander zu bringen und unseren eigenen Rhythmus wieder auszurichten auf die Zyklen dieses die gegenwärtige Entwicklung steuernden Höheren Bewußtseins. Dabei wird auch unser in überkommenen Denkbahnen festgefahrenes Mental gelockert und zu größerer Weichheit und schnellerer Anpassungsfähigkeit zurückgeführt, damit es sich besser und schneller dem Rhythmus dieser allesdurchdringenden und allesbeeinflussenden bewußten Energie anpassen kann.

Die »Antworten« wollen zum Beispiel Mental-Schemata zerstören oder andere Richtungen aufzeigen, damit wir unseren neuen Rhythmus finden, der der heutigen neuen Entwicklung angepaßt ist.

Die Antworten des Höheren Bewußtseins bewirken also, daß wir zweierlei Zeiten erfühlen und erleben:

2. le temps de la Conscience mesuré dans les variations de ses cycles et de ses respirations.

Une notion d'être ramené à un »temps présent« sans passé ni futur devient absolument nécessaire, car il tient compte du temps »non-réalité« et du temps cycle de la Conscience.

1. Die Zeit der äußeren Welt, das heißt die der Nicht-Wirklichkeit oder der Schein-Wirklichkeit.

2. Die Zeit des Höheren Bewußtseins, die wir im »Atemrhythmus« des Auf und Ab seiner Zyklen erleben.

Deswegen ist der jeweils gegenwärtige Moment ohne Vergangenheit und Zukunft so wichtig, weil nur in ihm beide Zeiten – die Zeit der »Nicht-Wirklichkeit« und die Zeit der »Zyklen des Höheren Bewußtseins« – miteinander identisch sind.

La compréhension générale de l'action de la Conscience Divine

Il faut considérer l'homme comme un lieu géométrique de l'univers et comprendre et admettre qu'en lui sont contenus tous les autres hommes.

Les chakras peuvent être vus comme un ensemble de noeuds réunissant les hommes entre eux et par là même contenant les situations et enchaînements du karma.

La Conscience agira donc pour résoudre des problèmes dans le temps ou dans l'espace à travers un homme ou plusieurs dans leurs chakras, et par des manipulations d'énergie ces noeuds karmiques seront dissous. Ainsi des situations ou des affaires seront réglées par travail de purification sur les centres d'énergie d'un homme ou de plusieurs.

Les situations seront donc toujours réglées avec progression et harmonie dans le temps terrestre, et dans cette mesure il faut comprendre que les situations réglées le seront définitivement.

Wie das Göttliche Bewußtsein arbeitet

Wir müssen uns den Menschen als einen geometrischen Ort des Universums vorstellen. Wir müssen weiter verstehen und akzeptieren, daß in diesem Ort auch alle anderen Menschen enthalten sind.

Die Energiezentren, oder Chakras, kann man sich dann auch als eine Reihe von Knoten denken, über die die Menschen miteinander verbunden sind. So sind die Verkettungen der Karmas zu erklären.

Das Göttliche Bewußtsein kann nun in unsere Welt des Raumes und der Zeit eingreifen, um bestimmte Probleme (die zum Beispiel karmisch bedingt sind) lösen zu helfen. Die »Karmischen Knoten« eines oder mehrerer Menschen müssen geöffnet werden. Das Göttliche Bewußtsein greift ein, indem es die Energieströme zu den Energiezentren lenkt und damit die Energiezentren selbst beeinflußt – was immer heißt: Reinigung der Zentren!

Dies geschieht immer schrittweise und harmonisch – alles braucht seine Zeit. Die

La Conscience agit donc dans son domaine, c'est-à-dire à la »Source de Vérité«.

einmal auf diese Weise gelösten Probleme sind dann aber auch endgültig gelöst.

Das Göttliche Bewußtsein handelt hierbei nach seinen eigenen Gesetzen. Es sind dies die Gesetze der Wahrheit und der absoluten Gerechtigkeit.

La nécessité de suivre le chemin de l'évolution

Nous avons vu que par lui-même l'homme de matière ne peut pratiquer un système d'évolution qu'avec de grandes difficultés et toujours de façon limitée, car le »système« de par sa définition est toujours limité et dépend du niveau de la personne qui l'a mis en route. Tout système est a priori faux.

Nous savons donc que la meilleure position est donc une attitude extérieure et intérieure qui vous met en position réceptive à cette Conscience Divine ou encore en position de neutralité intuitive.

Le but est donc de créer un chemin d'énergie directement à travers différents plans de la matière et d'équilibrer et d'ouvrir les différents plans d'énergie.

Le grand chemin se fait donc de l'intérieur par l'intérieur, c'est-à-dire de la vie vers la vie, de l'Origine vers la condensation mentale et matérielle.

Ce chemin met donc la personne en contact plus intense et crée un mécanisme de venue

Die Herstellung der Verbindung mit dem Höheren Bewußtsein

Wir haben gesehen, daß sich der Mensch der Materie allein nur unter großen Schwierigkeiten und immer nur sehr eingeschränkt weiterzuentwickeln vermag. Er kann sein eigenes System der Weiterentwicklung nur bedingt praktizieren. Denn definitionsgemäß ist jedes »System« beschränkt und abhängig vom Niveau der Person, die es anwendet. Jedes System ist also von vornherein falsch.

Das Beste ist daher, sich äußerlich und innerlich so zu verhalten, daß man aufnahmebereit ist für das Höhere Bewußtsein, das Beste ist ein Zustand der »Intuitiven Neutralität«.

Denn Ziel ist es, durch die verschiedenen Existenz-Ebenen hindurch den Weg für die Energie des Höheren Bewußtseins freizumachen und die verschiedenen Energie-Ebenen aufeinander abzustimmen.

Der Große Weg verläuft von innen nach außen, vom Leben zum Leben, vom Ursprung dorthin, wo ES sich in der Materie und im Mental verdichtet.

avec son propre moi intérieur d'énergie, moi directement en relation avec »Le Grand Etre Cosmique«, énergie créative.

La réalisation de cette action ne se signalisera pas par des faits et des sensations extérieures importantes mais plutôt par des états d'être et par une attitude et position différente dans la vie.

Cet action aura donc, nous le comprenons, un effet direct sur les phénomènes et situations matérielles et sur l'organisation extérieure du monde matériel.

Donc cette action continue dans le temps et peut être considéré comme une initiation ou encore comme un raccordement à la Grande Energie Consciente et Intelligente de l'univers.

Dieser Weg bringt den Menschen in direkten Kontakt zu seinem eigenen Selbst, zu seiner eigenen Inneren Geistigen Energie, welche unmittelbar verbunden ist mit dem »Großen Kosmischen Wesen«, der Schöpferischen Energie.

Das Zustandekommen dieses Kontaktes macht sich nicht durch besondere Erlebnisse oder Empfindungen bemerkbar, eher durch den anderen Zustand, in dem man sich befindet. Man handelt auf einmal aus einer anderen Haltung heraus und hat eine veränderte Einstellung zum Leben, zu den Vorgängen in der äußeren, materiellen Welt.

Wenn ein solcher Kontakt erst einmal zustande gekommen ist, dann bleibt er bestehen. Man kann ihn dann auch als eine Initiation bezeichnen oder auch als Vereinigung mit jener Großen, Bewußten und Intelligenten Energie des Universums.

La notion fondamentale de pauvreté, liée à l'incapacité d'avoir des »Réponses« venant d'une sphère supérieure créatrice et toute connaissance

Le mécanisme général du mental est de construire des actions et des situations, d'analyser et de résoudre des problèmes en fonction des connaissances passées sociales et héréditaires et en fonction de la satisfaction ou de l'harmonisation de ses propres sentiments, désirs et imaginations, qui résultent de son propre égo ou moi extérieur:

Ce mécanisme aussi grandiose qu'il puisse être à notre vue extérieure ne représente qu'une infinie partie de la Connaissance Générale et par ce fait est obligatoirement limité. En outre la chose la plus importante est que ce mécanisme échappe dans sa plus grande partie à la direction générale de la Conscience Divine qui est créatrice à chaque instant et dont le grand dessin est l'union du moi extérieur avec Elle qui est omniprésente et immuable.

La pauvreté de l'homme vient donc de la difficulté qu'il a d'avoir des »Réponses« venant d'une

Die Beschränktheit des Menschen aufgrund seiner Schwierigkeit, Antworten aus einer höheren, schöpferischen und allwissenden Sphäre zu bekommen

Unser Mental funktioniert, indem es konstruiert und analysiert. Es löst Probleme mit Hilfe von Elementen, die von außen kommen. Diese Elemente sind beeinflußt von dem Wissen, über das der jeweilige Mensch verfügt, von seiner sozialen Vergangenheit und auch von seinen eigenen Gefühlen, Wünschen und Vorstellungen, die in seinem Ego, das heißt in seinem äußeren Ich, begründet sind.

So grandios diese Funktion aus unserer Sicht auch ist, so stellt sie doch nur einen unendlich kleinen Teil des Großen Wissens dar, sie ist zwangsläufig beschränkt. Vor allem aber geht sie an der Haupt-Idee des Höheren Bewußtseins vorbei. Denn diese besteht darin, jeden Augenblick schöpferisch zu sein. Ihr großes Ziel ist, das Äußere Ich mit dem überall gegenwärtigen und unwandelbaren ES zu vereinen.

Die Beschränktheit des Menschen rührt also daher, daß es für ihn schwierig ist, Antworten

sphère supérieure qui est toute connaissance, harmonie et dirigée vers la plénitude suprême qui est toujours un élargissement et non un phénomène égocentrique.

Des réponses parfaites dans ce sens orientent les individus vers des situations plus simples – et plus riches en vue d'une expansion générale.

La pauvreté et la richesse matérielles sont sur cette terre la conséquence du karma. Les »Réponses« de la Conscience atténuent les effets du karma, égalisent les situations, centrent les individus sur eux-mêmes et préparent à des situations nouvelles où les richesses matérielles données et les conditions générales seront le résultat d'une impulsion Divine et pourront être appelées »richesse vraie« et »richesse stable«.

aus einer Höheren Sphäre zu bekommen, Antworten, die allwissend und voller Harmonie sind und die Fülle und Überfluß bringen. Und Fülle und Überfluß bedeutet immer Öffnung und Expansion – und nicht Egozentrik.

In diesem Sinne also bewirken perfekte Antworten eine Neuorientierung mit dem Ziel einer allgemeinen Expansion. Unser Leben wird einfacher und gleichzeitig reicher und gehaltvoller.

Materielle Armut und materieller Reichtum sind hier auf der Erde Folge unseres Karmas, das heißt unserer Vergangenheit. Die Antworten des Höheren Bewußtseins mildern dagegen die Auswirkungen des Karmas. Sie wirken ausgleichend, zentrieren uns auf uns selbst und bereiten neue Verhältnisse vor. Die neuen Verhältnisse und die neuen materiellen Gegebenheiten sind das Ergebnis Göttlicher Eingriffe aus einer anderen Dimension. Wir können sie deshalb bezeichnen als »wahren Reichtum« und »stabilen Reichtum«.

La notion de confiance

La notion de confiance semble être une des notions les plus fausses par rapport à la Vérité Supérieure.

Nous pouvons dégager deux notions de confiance:

1. *la notion de confiance dans un être humain ou dans un groupe d'êtres humains à travers une idée ou une situation,*
2. *la notion de confiance en soi.*

1. Dans le premier cas la confiance sera très limitée et rentrera en jeu dans une situation déterminée et dans un laps de temps plus ou moins court, car en effet cette confiance est basée sur des données d'évolution de la personne en relation avec son »ego« ou divers attachements à travers les différents détachements de ses chakras. Une situation dans un moment donné pourra donc très rapidement changer, c'est-à-dire la confiance pourra être perdue, car la conscience ou alors l'évolution de la personne aura subitement détaché un certain nombre de concepts, ou encore un noeud d'évolution étant subitement dissous la réalité de confiance d'un »moment« devient inadaptée à la nouvelle situation.

Das richtige Vertrauen

Die Frage nach dem richtigen Vertrauen, das heißt die Frage, in was oder in wen wir Vertrauen haben dürfen, scheint immer wieder Probleme aufzuwerfen, wenn wir das Ganze von einer höheren Warte aus sehen.

Wir können zwei Arten von Vertrauen unterscheiden:

1. *das Vertrauen in eine Person oder Personengruppe und*
2. *das Vertrauen in uns selbst.*

1. Im ersteren Fall kann sich das Vertrauen immer nur auf eine bestimmte Situation und eine relativ kurze Zeitdauer beziehen, also nur sehr beschränkt sein, denn es ist eng verbunden mit dem jeweiligen Entwicklungsniveau der betreffenden Person oder Gruppe. Dabei ist das Entwicklungsniveau definiert durch das Ego, das heißt durch das Verhaftet-Sein an die Materie (über die verschiedenen Energiezentren). Eine solche Situation kann sich schnell ändern, wenn sich die Person weiterentwickelt, das heißt, wenn sie Ego abbaut. Es haben sich dann die Voraussetzungen für die Art des zuvor in sie gesetzten Vertrauens geändert.

Un lien matériel d'écriture ou un contrat deviendra alors un frein à l'évolution de la personne et un élément à son non-épanouissement.

2. La notion de confiance en soi est régie par les mêmes lois d'évolution, et la confiance en une idée, qui devrait être maintenue pendant une période très longue, va devenir une entrave à la bonne marche évolutive des événements et de l'ensemble de la personne.

La »Réponse« de la Conscience Supérieure ou encore »Intuition déterminante« va recentrer la personne sur elle-même et va l'amener à prendre des décisions momentanées plus justes et va assouplir les »plis mentaux durcis«.

Une confiance basée sur des notions »d'ordre supérieur« et basée sur l'Origine de la Vie ou Conscience de Vérité deviendra le seul élément stable de toute action et de tout rapport humain supérieur.

Il faut savoir que parfois la Conscience éprouve la nécessité régulière d'orienter sur des faux chemins ou des »Réponses« en non-accord avec la »réalité apparente« de façon à éprouver la personne et à déterminer une notion de confiance plus importante après coup.

Haben wir zum Beispiel früher mit dieser Person eine schriftliche Vereinbarung geschlossen, dann kann diese Vereinbarung jetzt die Weiterentwicklung und Entfaltung behindern.

2. Das Vertrauen in uns selbst unterliegt den gleichen Entwicklungsgesetzen: Halten wir selbst zu lange an einer Idee fest, dann bremsen wir unsere persönliche Weiterentwicklung und auch den allgemeinen Fortschritt.

Vertrauen wir aber auf das Höhere Bewußtsein, das heißt auf unsere Intuition, so finden wir zu uns selbst zurück. Dann lockern sich festgefahrene Vorstellungen, fällen wir aus der Situation heraus die richtigen Entscheidungen.

Nur ein Vertrauensbegriff, der sich an einem so hohen Bezugspunkt orientiert wie an dem der letzten Wahrheit, dem Ursprung des Lebens, kann bei unseren Handlungen und menschlichen Beziehungen als stabiles Element dienen.

Das Höhere Bewußtsein zeigt uns dabei durchaus auch einmal absichtlich einen falschen Weg oder einen, der an der »offensichtlichen Realität« vorbeigeht. Dies geschieht dann, um unser Vertrauen auf die Probe zu stellen – damit es anschließend umso gefestigter ist.

La notion fondamentale de simplicité

La fonction fondamentale du mental est de construire et d'organiser, tout ceci dans le but d'assurer à l'égo »sécurité«, satisfaction et réalisation de toutes ses tendances et désirs.

L'être en quête de »Réponses« devra donc constamment remettre en question ses idées, ses organisations et ses projets, de façon à ce que cette attitude d'attente dans la »neutralité vigilante« permette à son »moi intérieur« ou aux réponses intuitives de donner des »directions supérieures« qui sont toujours plus simples par rapport à ce qui avait été organisé.

Une méthode de mise en pratique de ces données devra donc être constamment chercher dans les moindres détails, les détails les plus infimes la solution la plus simple. Si une solution semble être impossible aujourd'hui, le cours du temps terrestre amènera tous les éléments nécessaires à la simplification du problème. Après un certain temps la question déclenchera un mécanisme de la Conscience Supérieure qui viendra dans un autre temps donner les éléments simplifiés du problème. La nécessité d'une

Der Begriff der Einfachheit

Die Hauptfunktion des Mentals ist es, zu konstruieren und zu organisieren. Dies gibt dem Ego Sicherheit. Auch hilft es ihm, seine Neigungen, Wünsche und Begierden zu verwirklichen und zu befriedigen.

Der Mensch, der eine »Antwort« erhalten möchte, muß immer wieder seine Ideen, seine Gedanken-Konstruktionen und seine Vorhaben in Frage stellen. Er muß sich bemühen, immer neutral – aufmerksam – abwartend zu sein. Diese gelassene Grundhaltung – neutral und doch wachsam und bereit – gibt seinem Inneren Selbst oder der Intuition die Möglichkeit, ihm Hinweise aus einer Höheren Ebene zu geben. Und diese werden dann immer auf viel einfachere Lösungsmöglichkeiten hindeuten als alles, was er selbst organisiert hat.

Wie kann man dies in die Praxis umsetzen? Eine Methode besteht darin, immer und überall die einfachste Lösung zu suchen – bis in die kleinsten Details. Wenn heute eine Lösung unmöglich scheint, kommen im Lauf der Zeit doch neue Faktoren hinzu, die das Problem verein-

attente neutre et vigilante et de »vue derrière« les événements reste l'attitude obligatoirement nécessaire.

L'être qui constamment simplifie sa vie extérieure et cherche le dépouillement intérieur, deviendra plus apte à recevoir les messages de son »moi intérieur« ou Conscience Supérieure. L'intuition sera favorisée et les événements de la vie lui feront sentir que tout ce qui lui est nécessaire, lui est donné.

Dans cette mesure seulement la Conscience Divine peut avoir pleine »action« et »guider« l'individu vers »son dessin«.

fachen. So löst eine Frage, die heute gestellt wird, im Höheren Bewußtsein einen Mechanismus aus, der nach einiger Zeit von selbst die einfachste Lösung aufzeigt. Darum ist es so wichtig, neutral, gelassen und dabei wachsam abzuwarten und »hinter die Dinge zu sehen«.

Deswegen wird auch derjenige besser in der Lage sein, die Mitteilungen seines »Inneren Selbstes« oder des Höheren Bewußtseins zu empfangen, der unablässig sein äußeres Leben vereinfacht und sein Inneres »entrümpelt«, das heißt seine Mental-Konstruktionen, seine Voreingenommenheiten und seine Gewohnheiten in Frage stellt. Seine Intuition wird gefördert, und die Umstände seines Lebens werden ihm bald zeigen, daß ihm all das gegeben wird, wessen er bedarf.

Nur auf diese Art und Weise geben wir dem Höheren Bewußtsein freie Hand, uns in »seine Richtung« zu führen.

La vibration d'âme et la compréhension de la destinée

L'âme s'incarne à son arrivée sur la terre dans un corps humain. Elle se caractérise par un ensemble de vibrations de types et de natures différentes suivant chaque être. On comprend que chaque âme appartient à un plan vibratoire spécifique et que l'évolution consiste à accéder à des Plans Supérieurs.

De ce même fait il faut savoir que des âmes peuvent désévoluer et redescendre vers la matérialité et l'animalité.

Les vibrations d'âme caractéristiques à chaque être humain contiennent en chacun de leurs points la destinée humaine (karma) de l'individu, et à la fois tous les événements, les rencontres, les mariages et la destinée matérielle.

Ces vibrations caractérisent le karma principal, points nets et précis de la destinée, comparée au karma secondaire engendré par le corps et le milieu dans lequel se trouve ce corps à la naissance.

*Die Schwingungen der Seele und das Schicksal**

Die Seele inkarniert sich bei ihrer Ankunft auf der Erde in einem menschlichen Körper. Sie ist gekennzeichnet durch eine bei jedem Menschen andere Kombination von Schwingungen verschiedener Art und verschiedener Natur. Jede Seele gehört einer spezifischen Schwingungsebene an, und das Ziel der Entwicklung besteht darin, auf höhere Ebenen zu gelangen.

Genauso muß man wissen, daß sich Seelen auch nach unten entwickeln und wieder zum Stofflichen und Tierischen hin absteigen können.

Die jeden Menschen charakterisierende Seelenschwingung enthält in jedem ihrer Punkte dessen Schicksal (Karma); das sind alle wichtigen Ereignisse, Begegnungen, auch die Verheiratung beispielsweise, und die materiellen Verhältnisse.

Diese Schwingungen bestimmen das Haupt-Karma, die klaren und präzisen Punkte im Schicksal. Davon zu unterscheiden ist das

* *Siehe Seite 252*

Tout changement dans la destinée fixe et toute évolution se feront par l'intervention des Plans Supérieurs à ceux de l'individu et on peut comprendre que toute »aide« se fera à partir de ces Plans Supérieurs.

Cependant pour certains cas spéciaux, qui font partie de l'»Intervention Divine« – pour des Plans Divins avec concrétisation dans la matière – la Conscience Divine interviendra de son plus haut niveau dans la destinée des êtres à travers tous les plans de l'existence.

Sekundär-Karma, welches vom Körper und dem Milieu geschaffen wird, in welches der Körper hineingeboren wurde.

Jede Änderung im festgelegten Schicksal und jede Entwicklung findet statt durch Eingriffe, die aus Schwingungsebenen kommen, welche der Ebene des betreffenden Menschen unmittelbar übergeordnet sind. Auch jede »Hilfe« kommt von dort.

Doch kann das Höhere, das Göttliche Bewußtsein in bestimmten Fällen von seinem allerhöchsten Niveau aus unmittelbar in das Schicksal der Menschen eingreifen – durch alle Existenzebenen hindurch –, um in der Materie einen Göttlichen Plan zu verwirklichen.

Le dépassement du fonctionnement mental en vue de la réalisation du Plan ou des Plans Divins

Le mental humain se caractérise par un fonctionnement sous forme d'association d'idées, engendrées par les perceptions venant de l'extérieur, à travers les sens physiques. Mais si nous considérons maintenant l'individu comme un »ensemble« faisant parti d'un »corps« plus grand contenant d'autres corps, le mental est aussi le résumé, par association, de l'ensemble des perceptions des autres êtres humains – de la famille, de la société, de la terre.

La Conscience Divine, sous forme d'actions diverses, intuition, réponses, accentuation des sensations ou diminution, amènera l'individu à des excès de formations mentales excluant toute autre chose et, parfois, à des aggressivités corporelles ou idées de destruction.

C'est alors que des chocs mentaux ou des événements bursques extérieurs ouvriront des situations apparemment fermées vers des directions faisant partie de l'enchaînement du Plan Divin.

Wie Mental-Formationen überwunden werden

Das Mental des Menschen ist dadurch charakterisiert, daß es mit Ideen-Assoziationen arbeitet. Diese werden durch Wahrnehmungen ausgelöst, die von außen kommen und von den physischen Sinnes-Organen aufgenommen werden.

Wenn wir nun davon ausgehen, daß der einzelne Mensch Teil eines größeren »Körpers« ist, in dem auch andere Körper enthalten sind, dann stellt ein Mental auch die Summe der Einzelwahrnehmungen mehrerer Menschen dar – der Familie, des sozialen Umfeldes, der Erde.

Was tut nun das Höhere Bewußtsein, wenn sich bei einem Menschen eine fixe Idee, das heißt eine Mental-Konstruktion festgesetzt hat? Es bedient sich verschiedener Hilfsmittel, mit denen es auf die Menschen einwirkt. Eines davon ist die Intuition. Es kann den Menschen zum Beispiel aber auch bestimmte Gefühlseindrücke über- oder unterbewerten lassen – und zwar mit der Absicht, die schon verankerte Idee so weit zu verstärken, bis sie so stark ist, daß sie alles andere

Les constructions mentales en rapport avec la non-purification et le détachement des sept chakras constituent le principal obstacle à la bonne marche de l'enchaînement du fonctionnement »Supra-Mental«.

Il y a donc nécessité pour l'individu en état de »fixation« de cultiver un état méditatif, sans projection sur l'objet de sa fixation et de savoir que son ou ses problèmes ne dépendent uniquement que d'un état de »décantation«, de »purification« et »d'attente«, afin que son association mentale prenne fin.

ausschließt. Eine solche Entwicklung kann dann bis zu destruktiven Gedanken und körperlichen Aggressionen führen.

Wenn dann plötzliche äußere Ereignisse oder andere Ursachen hinzu kommen, lösen diese im menschlichen Mental einen Schock aus, und dadurch werden schließlich Wege frei, die bisher verschlossen waren – Wege, die auf der Linie des Großen Göttlichen Planes liegen.

Mental-Konstruktionen sind Teil des Egos. Sie sind also im Zusammenhang zu sehen mit dem Abhängig-Sein über die sieben Energiezentren, das heißt mit deren ungenügender Reinheit. Sie bilden das Haupthindernis für das richtige »Supramentale Funktionieren«.

Deswegen sollte sich jemand, der an eine fixe Idee gebunden ist, um eine meditative Haltung bemühen, wobei er nicht auf das Objekt seiner Fixation projezieren darf. Die Lösung seiner Probleme, das heißt die Beendigung seiner Mental-Formation, hängt einzig und allein ab vom Grad seines »Abgeklärt-Seins«, seines »Gereinigt-Seins« und seiner Haltung des »Abwartens und Bereit-Seins«.

La position intuitive ou les conditions nécessaires au fonctionnement général intuitif

Deux conditions sont indispensables pour recevoir les messages de notre Moi Supérieur ou Conscience Divine ou encore Intuition Pure:

I. Se trouver dans un état d'équilibre des désirs; équilibre entre l'intérieur (nos pensées) et l'extérieur (le monde environnant).

Ces désirs seront de sept ordres suivant les sept chakras qui composent notre corps spirituel à savoir:

désirs

1. *sexuels,*
2. *vitaux (possessions matérielles),*
3. *sentimentaux,*
4. *amoureux,*
5. *d'orgueil,*
6. *de construction et plan mental,*
7. *d'ordre supérieur mental type politique par exemple ou encore éducation, religion etc.*

Suivant leur nature ces désirs pourront ou non être satisfaits, en rapport avec le milieu intérieur de l'individu et son milieu extérieur.

*Die intuitive Haltung**

Zwei Voraussetzungen sind erforderlich, um zu einer reinen Intuition zu kommen, um Mitteilungen unseres Höheren Selbstes oder des Göttlichen Bewußtseins zu empfangen:

I. Unsere Innenwelt (unser Wunschdenken) und die Außenwelt müssen sich zueinander in Harmonie befinden. Wir dürfen also keine offenen, unbefriedigten Wünsche haben.

Dabei gibt es sieben Arten solcher Wünsche, entsprechend den sieben Energiezentren, die unseren spirituellen Körper bilden:

1. *sexuelle,*
2. *vitale (den materiellen Besitz betreffend),*
3. *sentimentale,*
4. *amoröse (der besitzergreifenden Liebe),*
5. *Wünsche des Stolzes,*
6. *Wünsche der mentalen Konstruktionen und*
7. *höhere mentale Wünsche (etwa aus den Bereichen Politik, Bildung, Religion).*

Diese Wünsche können je nach ihrer Natur und der Reife eines Menschen und je nach den äußeren Gegebenheiten befriedigt werden.

* *Siehe Seite 253*

II. Pouvoir faire action dans la vie suivant le lieu et le moment que détermine en lui sa vibration d'âme suivant son évolution.

Ces mécanismes simples sensitifs pourront être sentis de façon plus nette si l'individu devient attentif au fonctionnement de son appareil respiratoire.

En effet une amplitude respiratoire importante, souple et détendue, l'esprit au repos, montreront une »ouverture«. Une respiration générale de peu d'amplitude montrera une »fermeture«.

Dans les périodes d'ouverture, l'intuition pourra jaillir du fond de l'être et donner la »direction«, tandis qu'une période de fermeture indiquera une non-harmonie entre son intérieur et le milieu humain et matériel ambiant extérieur.

En définitive nous voyons que la »respiration« reste l'élément intermédiaire entre l'intérieur et l'extérieur et ses variations donnent l'indication de la bonne position intuitive.

II. Wir müssen die Möglichkeit haben – »die äußeren Freiheiten« –, sowohl örtlich als auch zeitlich entsprechend unserer Seelenschwingung zu handeln, die ja von unserem Entwicklungsniveau abhängt.

Ob diese beiden Voraussetzungen erfüllt sind, können wir sehr gut feststellen, indem wir auf unseren Atem achten:

Ist der Atemrhythmus kräftig, dabei weich und entspannt, und ist auch der Geist ruhig, dann bedeutet das ein »Offen-Sein«. Jetzt kann die Intuition aus dem Innersten herausfließen und die »Richtung angeben«.

Ein kurzer Atemrhythmus dagegen deutet ein »Geschlossen-Sein» an. Es besteht eine Disharmonie zwischen unserem Inneren und den äußeren Umständen.

Die Atmung ist also das Bindeglied zwischen innen und außen, und unser Atemrhythmus zeigt uns, ob der richtige Intuitive Zustand erreicht ist.

Les déplacements du corps physique dans l'espace-temps terrestre

Nous avons vu que l'homme »sensitif« pouvait percevoir en lui des périodes d'ouverture et de fermeture en rapport avec une personne ou des groupes de personnes à travers des situations matérielles dans un temps donné.

L'harmonisation de sa respiration ou encore »synchronisation« avec un groupe de personnes, dans un temps donné donnera l'appréciation d'ouverture ou de fermeture en correspondance avec sa respiration au moment présent. Une »comparaison relative« pourra donc donner un ordre de grandeur de la possibilité d'harmonie dans ce temps et cette situation.

Une augmentation de la »respiration« donnera donc des chances de succès, tandis qu'une fermeture de la respiration laissera »prévoir« des inconvénients, des accidents et des problèmes.

Forcer – par le déplacement de son corps physique – une situation en fermeture, donnera et pourra amener une destruction ou maladie de ce corps.

Die Ortsveränderungen des physischen Körpers

Der empfindsam gewordene Mensch kann in sich Perioden des Offen- oder Geschlossenseins gegenüber anderen Menschen verspüren, das heißt, er bemerkt, ob er ihnen gegenüber gerade »offen« oder »verschlossen« ist.

Er tut dies, indem er sich auf diese Menschen einstellt, das heißt, seinen »Atem« zu ihnen in Harmonie bringt. Vergleicht er dann seinen »Atem« mit dem der anderen, dann spürt er, wie groß zum jeweiligen Zeitpunkt und in der betreffenden Situation die Harmonie ist.

Wenn sich sein »Atem« erweitert, kann er annehmen, daß die Tendenz harmonisch ist. Falls sich dagegen seine »Atmung verengt«, sobald er sich auf andere Menschen »einstellt«, dann muß er in Bezug auf sie mit Unannehmlichkeiten, mit Problemen oder sogar mit Unfällen rechnen.

Wenn eine bestimmte Situation gerade »zu« ist und man sie trotzdem, zum Beispiel durch eine Reise, also durch eine Ortsveränderung des physischen Körpers, erzwingt, dann ist es durchaus möglich, daß dieser physische Körper erkrankt – oder sogar zerstört wird.

Lorsque l'individu par son évolution (détachement) rentre dans un Plan Divin, il ne pourra déterminer ses déplacements dans le temps et dans l'espace par des calculs et des plans mentaux, mais uniquement par son intuition, son laisser-aller attentif et vigilant et sa position intérieure en état »réel« de neutralité à travers les sept chakras (désir sentimental, vital, mental etc.).

En conclusion dans un Plan Divin avec »création au niveau de la matière« tout mouvement dans le temps et l'espace du corps physique deviendra un problème dans le sens de la sécurité et de l'harmonie avec »les autres«.

Tritt ein Mensch auf Grund seiner Entwicklung (»Loslösung von den Dingen«) in einen Großen, das heißt Göttlichen Plan ein, kann er seine räumlichen und zeitlichen Veränderungen nicht mehr mit seinem Verstand bestimmen – sondern einzig und allein mit Hilfe seiner Intuition. Dabei soll seine innere Grundhaltung aufmerksam und hellwach und dennoch gelassen und neutral sein – neutral im Sinne der Loslösung über die Sieben Zentren (des Sentimentals, des Vitals, des Mentals und so weiter).

Bei der Realisierung eines Göttlichen Planes – mit seinen »schöpferischen Eingriffen auf dem Niveau der Materie« – wird jede Bewegung des physischen Körpers, räumlich und zeitlich gesehen, zu einem Problem – zu einem Problem für die Sicherheit und zu einem Problem der Harmonie mit »den anderen«.

La loi du potentiel et de l'augmentation de ce potentiel

Nous avons vu que'évoluer veut dire détacher et que détacher veut dire purifier et que purifier veut dire éliminer dans le sens d'effacer ses désirs à travers les sept centres vitaux ou sept chakras. Effacer ses désirs

sexuels,
vitaux,
sentimentaux,
amoureux,
d'orgueil (conscience de son individu et de sa personnalité),
de formation mentale,
d'ordre supérieur mental (grands principes).

Evolueur veut dire »mourir« et, c'est un fait, c'est mourir à une vie vitale et énergétique.

Cependant à chaque mort partielle – si petite soit elle – une autre énergie apparaît dans notre inconscient, énergie non-duelle, sans polarité, mais Energie Consciente, Pure et »appartenant pas à ce monde« dans lequel nous vivons, monde essentiellement vital.

Das Gesetz des Potentials und seiner Vermehrung

Sich zu entwickeln heißt bekanntlich, sich loszulösen – und sich loszulösen heißt, sich zu reinigen – und sich zu reinigen heißt, seine Wünsche auszulöschen, die Wünsche und Vorstellungen also entsprechend den sieben Energiezentren, nämlich

die sexuellen,
die vitalen (des Haben- und Besitzen-Wollens),
die sentimentalen,
die der besitzergreifenden Liebe,
die des Bewußtseins seines Selbstes und seiner Persönlichkeit,
die der Mental-Konstruktionen und
die der höheren Prinzipien.

Sich weiterzuentwickeln bedeutet also »zu sterben« – das heißt, sein auf der vitalen Energie aufgebautes Leben effektiv sterben zu lassen.

Doch an die Stelle der allmählich ersterbenden Vital-Energie tritt eine andere Energie, eine Energie, die nicht dual, also ohne Polarität ist, eine Energie, die bewußt und rein ist. Sie ist »nicht von dieser Welt« in der wir leben und die in erster Linie eine vitale Welt ist.

La caractéristique de cette énergie est la puissance et la maîtrise de la matière.

Chaque individu par la »purification« de son corps physique et astral deviendra donc un potentiel neutre de cette autre énergie que nous pourrons appeler »Energie-Conscience«.

Cette masse d'énergie plus ou moins importante en rapport avec la vibration d'âme et la »transformation du corps physique« deviendra un »récepteur« à l'intuition directe des messages venus de l'Esprit Directeur ou des Etres travaillant dans une autre dimension à l'évolution de la masse humaine.

Les lois de l'augmentation de ce potentiel ne sont que très difficilement compréhensibles pour le mental humain, et l'acceptation de ce mécanisme est contraire à son fonctionnement; c'est pourquoi il est demandé à l'homme en évolution:
le non-attachement,
l'oubli du passé,
l'égalité devant le bon et le mauvais,
l'égalité devant toutes les situations et les êtres,
la confiance dans le fil directeur des événements intuitifs,

Das Charakteristische dieser Energie ist ihre Kraft und ihre Meisterschaft über die Materie.

Jeder Mensch wird nun, je nach der »Reinheit« seines physischen und seines astralen Körpers, zu einem wachsenden neutralen Potential dieser anderen Energie. Wir können diese auch als »supra-materielle«, also als eine über oder hinter der materiellen Ebene gelegene Energie bezeichnen.

Diese Energie-Masse wächst mit zunehmender Seelenschwingung und »Transformation« des physischen Körpers. Sie wird damit mehr und mehr zu einem direkten »Intuitions-Empfänger« für Mitteilungen, die vom Allessteuernden Göttlichen Bewußtsein stammen, beziehungsweise von Wesen, die in einer anderen Ebene an der Entwicklung der Menschheit arbeiten.

Diese Gesetze über die Vergrößerung des Potentials sind für den menschlichen Verstand nur sehr schwer erfaßbar – denn ihr Mechanismus ist der Funktion unseres Verstandes entgegengesetzt. Der in der Entwicklung befindliche Mensch sollte deshalb

nicht »an den Dingen hängen« (entsprechend den sieben Chakras),

la mise en question de son mental et la position d'attente.

En conclusion cette loi d'augmentation de potentiel est et semble pour le mental un paradoxe continuel, seul le temps terrestre et la »confiance« relative mettent les choses et les événements dans un ordre logique de Plan Divin et de respect pour chaque individu.

die Vergangenheit vergessen,
dem Guten wie dem Schlechten auf die gleiche Weise gegenüberstehen,
alle Situationen und alle Menschen als »gleich-wertig« akzeptieren,
auf die Führung durch die Intuition vertrauen,
immer wieder sein Mental in Frage stellen
und ständig wachsam sein.

Das Gesetz von der Vergrößerung des Potentials scheint für das Mental ein fortwährendes Paradoxon zu sein. Erst später, im Laufe der Zeit und mit mehr Vertrauen, läßt sich hinter den Ereignissen ein logischer Zusammenhang erkennen – ein Göttlicher Plan, der trotzdem Rücksicht auf jeden einzelnen Menschen nimmt.

L'utilité du système nerveux et son utilisation par la Conscience Divine

Nous savons que la respiration reste l'élément intermédiaire et l'élément pour juger des situations et des êtres selon la facilité ou la difficulté d'ouverture ou de fermeture. La »respiration« reste donc l'intermédiaire entre le moi intérieur et le monde extérieur.

Cependant c'est le système nerveux neurovégétatif et moteur qui par sa sensibilité va permettre de »sentir plus« et encore on peut dire de »sentir différemment«.

»L'énergie« de la Conscience venant à travers les chakras va peu à peu changer le fonctionnement du système nerveux général, et on peut dire que la Conscience sur tous les plans va venir faire la »jonction« et prendre possession de l'homme à travers tous les plans et jusqu'au plan physique dans les mouvements même du corps.

C'est ainsi qu'extérieurement aucun signe ne permettra de différencier un homme normal (mental) commandé par son mental et un homme (mental supérieur) commandé par la Conscience; les mouvements, idées et actions seront les

Das Nervensystem und wie das Höhere Bewußtsein mit ihm arbeitet

Wie wir gesehen haben, ist die Atmung das verbindende Element, mit dessen Hilfe wir Situationen und Menschen besser beurteilen können, und zwar indem wir mittels unseres Atems, den wir auf diese Menschen oder Situationen »einstellen«, eine größere oder eine kleinere »Öffnung« ihnen gegenüber empfinden. Die Atmung ist so gesehen der Mittler zwischen dem Inneren Selbst und der äußeren Welt.

Die Sensibilität des vegetativen und des motorischen Nervensystems versetzt uns also in die Lage, »mehr zu fühlen« beziehungsweise »anders zu fühlen«.

Die über die Chakras in den Körper einfließende »Energie« des Höheren Bewußtseins übernimmt immer mehr die Führung über die Funktionen des Nervensystems – auf allen Ebenen der Existenz. Sie ergreift auf allen diesen Ebenen Besitz vom Menschen. So auch auf dem physischen Plan – bis hin zu den Bewegungen des Körpers.

mêmes, mais l'origine et donc la source d'énergie seront différentes.

Dans une position extrême la parole même pourra être prise par la Conscience et l'homme pourra être considéré comme devenant un »instrument« de la Conscience.

Äußerlich sind dabei keinerlei Anzeichen zu erkennen, nach denen man einen normalen Menschen, der von seinem Mental gelenkt wird, unterscheiden kann von einem Menschen, der vom Höheren Bewußtsein geführt wird. Die äußeren Handlungen sind die gleichen, aber ihr Ursprung – und damit die Energiequelle – ist ein anderer.

Im Extremfall wird sogar die Sprache vom Höheren Bewußtsein ergriffen – und der Mensch ist völlig zu einem »Instrument« des Höheren Bewußtseins geworden.